저자 찬비

미국 하와이에 살고 있으며 경희사이버대학교에서 컴퓨터공학과 호텔경영학을 복수 전공했다. SNS마케팅, 인플루언서 마케팅, 마케팅 심리학 등을 공부하고 제페토를 활용해 인스타그램 @hawaii_healer 계정을 운영하고 있다.

원작 제페토

아시아 최대의 메타버스 플랫폼. 커스터마이징, 아이템, 맵까지 상상 이상의 자유도를 느낄 수 있다. 수많은 크리에이터들이 자신만의 아이디어를 선보이기 위해 제페토로 향하고 있으며, 지금 이 순간에도 변화하고 있는 가능성의 세계이다.

메타버스 나의 또 다른 세상

제페토 가이드북

나의 부캐 만들기

프롤로그 　운명은 작은 우연에서 시작된다

운명이 결정되는 순간은 아주 작은 우연으로부터 시작되는 것 같아요. 제페토가 저에겐 그런 작은 우연이었죠. 인스타그램에서 귀여운 캐릭터가 춤을 추고 있는 모습을 처음 봤어요. '이건 뭐지?' 댓글로 물어보니 "ZEPETO라는 앱이에요."라고 하더라고요.

'이거다!' 싶었죠. 오랫동안 예쁜 아바타 앱을 찾고 있었거든요. 제 작은 우연은 바로 이렇게 시작되었어요. 제페토 앱을 다운받고 이것저것 눌러 보며 캐릭터를 하나 만들었어요. 겨우 영상을 하나 만들어 인스타그램에 첫 제페토 영상을 올렸더니, 반응이 나쁘지 않더라고요. 처음엔 저도 사용법을 잘 몰라 하나둘 검색해 가며 사용법을 배웠어요. 영상을 합성하는 방법도 그렇게 익혔죠. 제페토를 활용한 콘텐츠를 인스타그램에 계속 올렸더니, 언제부턴가 "나도 배우고 싶어요."라는 댓글이 달리기 시작했어요. 급기야 Zoom으로 강의까지 하고 결국 이렇게 책까지 쓰게 되었네요.

이제 끊임없이 새로운 것들을 스스로 찾고 배워야 하는 시대가 되었어요. 이 책은 제페토로 만든 나를 닮은 캐릭터로 콘텐츠를 만드는 방법을 담고 있어요. 제페토 기본 사용법과 함께 쉽고 빠르게 콘텐츠를 만들 수 있는 앱을 소개하고 있죠. 할 일도 많고 배울 것도 많은 요즘, 어디서부터 시작해야 할지 몰라 고민하시는 분들을 위해 직접 정보를 찾고 배울 수 있는 곳을 알려 드려요.

 이 책은 특히 제페토를 통해 급변하는 시대에 대처하기 위한 디지털 적응력과 학습력 향상에 도움이 될 수 있도록 노력했어요. 메타버스 시대를 어떻게 준비해야 하고, 무엇을 배워야 할지 막막한 사람들을 위한 정보를 담고 있죠. 처음에는 쉬운 것부터 시작했으면 좋겠어요. 제페토를 통해 메타버스가 무엇이고 어떻게 작동하는지 이해하는 것으로부터 시작해 보세요. 새로운 것을 배우는 데는 직접 경험해 보는 것만큼 좋은 방법은 없잖아요! 그렇게 조금씩 메타버스라는 새로운 세계에 흥미가 생기고 더 깊이 배워보고 싶은 마음이 생기면 다음 단계로 나아가세요.

 이 책에서는 그다음 단계로 나아가기 위한 준비를 도와드릴 수 있도록 100% 무료로 사용할 수 있는 컴퓨터 프로그램과 혼자 공부하는 방법도 소개하고 있어요. 메타버스 시대를 준비하기 위해 필요한 것은 컴퓨터 프로그램을 만드는 코딩이 아니에요. 이미 누군가가 잘 만들어 놓은 앱이나 프로그램을 '얼마나 잘 사용할 수 있는가?' 하는 거죠. 제페토와 함께 메타버스 시대를 준비하고 싶은 분들께 도움이 되었으면 좋겠어요. 제가 제페토라는 작은 우연을 만나 이렇게 성장해 가고 있는 것처럼, 이 책이 독자님들께 그런 작은 우연이 될 수 있었으면 해요.

   책을 집필하는 동안 정말 많은 분들의 도움을 받았어요. 저에게 제페토 책 아이디어를 주신 제 책쓰기 코치 아름다운 비상님, 책쓰기 여정을 함께 해준 소중한 인연들, 네이버Z 담당자님들과 출판사 담당자님들께도 정말 감사드려요.

   마지막으로 책을 구매해주신 독자님께 진심으로 감사의 마음을 전하고 싶어요. 이 책이 메타버스라는 새로운 세계로 떠나는 여러분의 여정에 좋은 길잡이가 되기를 바라요.

저자 찬비

미리보기

이 책은 제페토 사용법과 콘텐츠 제작 및 마케팅, 메타버스 시대의 미래 직업 준비를 위한 무료 3D 프로그램을 소개하고 있어요. 제페토로 만든 내 캐릭터를 활용한 콘텐츠를 만들고 싶은 분들, SNS를 운영하며 콘텐츠 아이디어로 고민하는 사람들, 메타버스 시대의 미래 작업을 준비하는 분들께 도움이 되기를 바라요.

Part 1
제페토는 무엇이고 제페토를 통해 무엇을 기대할 수 있을지 이야기한다.

Part 2
제페토 설치부터 내 캐릭터 꾸미기까지 하나하나 따라하기.

Part 3

제페토에서 내 캐릭터를 활용해 이미지와 영상을 만드는 방법을 알아 본다.

Part 4

콘텐츠 제작을 위한 디자인과 영상을 쉽게 편집할 수 있는 앱과 학습법을 소개 한다.

Part 5

콘텐츠를 만들기 위한 내 부캐 찾기와 효과적인 마케팅 전략을 살펴 본다.

Part 6

제페토 스튜디오와 빌드잇, 3D 모델링 프로그램을 소개하고, 제페토를 통해 메타버스의 미래를 조망해 본다.

차례

프롤로그 운명은 작은 우연에서 시작된다.

Part 1 진짜 누구나 크리에이터가 될 수 있을까?
- Chapter 1 왜 제페토를 사용할까?
- Chapter 2 나도 크리에이터가 될 수 있을까?
- Chapter 3 1인 미디어, 1인 기업, N잡 시대

Part 2 제페토 캐릭터는 어떻게 만들까?
- Chapter 4 제페토 앱 설치 및 가입
- Chapter 5 캐릭터 꾸미기
- Chapter 6 기본 홈 메뉴
- Chapter 7 무료 코인 모으는 법
- Chapter 8 제페토 월드

Part 3 내 캐릭터 어떻게 활용할까?
- Chapter 9 만들기
- Chapter 10 웹툰 만들기
- Chapter 11 카메라 활용
- Chapter 12 프로필 설정 및 변경

Part 4 손쉽게 콘텐츠를 만들 순 없을까?
    Chapter 13   디자인 툴 Canva캔바 / 미리캔버스
    Chapter 14   영상 툴 Capcut 캡컷
    Chapter 15   파워포인트

Part 5 콘텐츠 어떻게 만들고 퍼뜨릴까?
    Chapter 16   내 부캐 찾기
    Chapter 17   캐릭터 마케팅
    Chapter 18   SNS 마케팅
    Chapter 19   콘텐츠 공유하기

Part 6 제페토로 바라본 메타버스의 미래
    Chapter 20   제페토와 메타버스
    Chapter 21   제페토 스튜디오
    Chapter 22   빌드잇

에필로그 기회는 준비된 사람만이 잡을 수 있는 행운

Q&A

Part 1 진짜 누구나 크리에이터가 될 수 있을까?

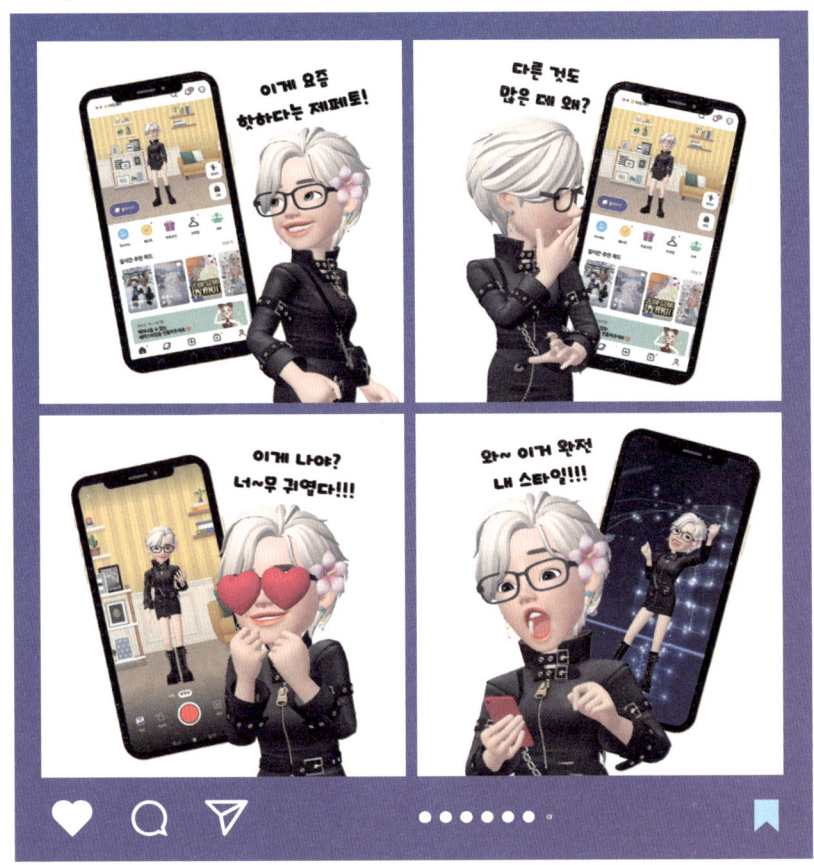

'메타버스? 제페토? 아니 이거 애들이나 하는 게임 아니냐? 뭐 이런 걸로 책까지 썼대?' 이런 생각을 하는 사람도 있을 거예요. 다른 사람이 이 책을 썼다면 저도 그렇게 생각했을 테니

까요. 딱 보기에 제페토가 애들이나 하는 캐릭터 게임처럼만 보이니 당연하죠. 더구나 '어른들을 위한 제페토라니…?' 황당하죠. 그런데 요즘 들어 왜 갑자기 제페토가 미래 산업이니 메타버스니 하면서 뉴스에 오르내리게 된 건지 궁금하지 않으세요?

제페토는 이미 구찌, 나이키, 디즈니 같은 다양한 글로벌 기업과 제휴를 맺고 있어요. 기업은 자신의 브랜드와 신상품을 제페토에서 홍보하고 판매까지 하고 있죠. 나아가 한국의 다양한 관광지와 문화를 전 세계 MZ세대 친구들에게 소개하고 있어요.

"사람이 모이는 곳에 돈이 모인다"는 말 한 번쯤은 들어보셨죠? 가상공간에서의 소통이 다양해지고 있는 만큼 제페토의 활용 범위가 점점 더 넓어지고 있어요. 그렇다면 우린 제페토를 어떻게 활용하고, 메타버스 시대는 어떻게 준비해야 할까요?

사실 저는 제페토가 해외 업체에서 만든 앱인 줄 알았어요. 그래서 처음 사용법을 배울 때 영어로 된 영상을 보며 연습했거든요. 제가 제페토를 시작했을 때만 해도 지금처럼 한국어로 된 제페토 영상이 거의 없었어요. 2020년 중후반까지만 해도 지금처럼 제페토 관련 기사가 자주 등장하는 일은 없었거든요. 네이버Z가 만든 앱이라는 사실을 알았을 때 얼마나 반가웠는지 몰라요. 그럼 이제부터 제페토에 대해 간단히 알아볼까요?

Chapter 1 왜 제페토를 할까?

제페토는 2018년 8월에 출시되어 2개월 만에 전 세계 35개국에서 다운로드 순위 1위를 기록한 **모바일 3D 아바타 플랫폼**이에요. 과거 싸이월드에서 인기를 끌다 사라진 아바타 서비스가 스마트폰 카메라와 증강현실 기술을 만나, 모바일 환경에서 3D로 재탄생한 거라고 할 수 있죠.

수많은 아바타 서비스 중에서 왜 하필 제페토를 할까요? 제페토의 인기 비결은 바로 기존의 아바타 서비스들과 달리 예쁘고 세련된 디자인 때문이에요. 기존의 3D 아바타 앱들은 닮은 외모에만 집중한 나머지 '너무 닮아 징그럽다'는 평가를 받았거든요. 나를 닮았지만 나보다 예쁘고 귀여운 캐릭터가 바로 제페토만의 차별화된 매력이죠! 이미 정해진 모양의 눈, 코, 입 중에서 고르기만 하는 것이 아니라 커스텀으로 미세 조절을 할 수 있어 비슷해 보이지만 전혀 다른, 세상에 단 하나뿐인 나만의 캐릭터를 만들 수 있어요. 제페토 이용자가 가장 많은 MZ세대 친구들 사이에서는 일명 '댈컴'이라고 해서 돈을 받고 다른 사람 캐릭터를 대신 꾸며주는 일도 있다고 하니 그 영향력을 짐작할 수 있겠죠?

전 세계적으로 인기를 끌 수 있었던 이유가 예쁜 캐릭터만은 물론 아니겠죠? 제페토에서는 현실에서 직접 하기 힘든 표정이나 동작을 캐릭터가 멋지게 대신해줘요. 춤도 대신 쳐주고 표정으로 감정 표현도 맘껏 할 수 있죠. 이미지뿐만 아니라 영상까지 손쉽게 만들어 공유할 수 있어, 예쁘고 트렌디한 3D 아바타 서비스로 거듭날 수 있었죠.

제페토에는 캐릭터를 개성 있고 예쁘게 꾸밀 수 있도록 다양한 아이템이 준비되어 있어요. 실제로 판매되는 명품 브랜드디자인 옷과 액세서리가 제페토에서 판매된다는 사실 알고 계시나요? 너무 비싸서 실제로는 구매하기 힘들었던 명품 브랜드를 제페토에서 먼저 구매해 사용해 보거나, 디즈니 영화나 애니메이션 캐릭터로 변신해 볼 수도 있죠. 다양한 옷과 액세서리를 조합해보며 잠들어 있던 패션 센스를 깨워 보는 건 어떨까요? 제페토 영상이나 이미지를 활용해 다양한 콘텐츠를 만들고 공유하는 과정에서 운명처럼 나의 재능을 새롭게 발굴하게 될지 누가 알겠어요.

제페토 월드라는 가상공간에서는 전 세계에 퍼져있는 제페토 이용자들과 친구가 될 수도 있어요. 제페토 월드에서 팸(패밀리의 줄인말)을 모집해 함께 영상을 만들며 놀 수도 있고, 평소 좋아하는 아티스트의 공간에 방문할 수도 있죠. 제페토에서는 가상공간을 활용한 온라인 콘서트, 팬 미팅 같은 이벤트도 열리고 있거든요. 현실에선 가기 힘들었던 콘서트나 아티스트와의 만남도 더 이상 꿈은 아니겠죠!

제페토 월드는 단순히 인증샷을 찍는 용도뿐 아니라 친구들과 제페토 월드에 모여 숨바꼭질, 보물찾기, 방 탈출 게임 등을 할 수 있어요. 자신들이 스스로 정한 룰에 따라 게임을 하며 즐기죠. 맵에 따라 아이템을 구매할 때 사용하는 코인이나 젬 또는 직접 아이템을 획득할 수 있는 곳도 있어요. 제페토 월드 맵은 제페토 스튜디오에서 '빌드잇'이라는 프로그램을 무료로 컴퓨터에 다운받아 직접 맵을 만들어 볼 수도 있죠. 집들이하듯 내가 만든 맵에서 친구들과 모여 노는 모습을 상상해 보세요. 저도 경험 삼아 한번 만들어 봤는데 직접 만들어 보는 재미가 쏠쏠하거든요. 가상 건축가라는 새로운 직업도 생겨나고 있다고 하니 관심을 가져 봐야겠죠! 빌드잇에 대해서는 Part 6에서 더 자세히 다루고 있으니 참고해 주세요.

3D 아바타 서비스 후발주자 제페토가 이처럼 빠르게 성장할 수 있었던 비결은 높은 기술력과 한류 스타의 팬덤을 쉽게 흡수할 수 있었다는 장점과 무엇보다 예쁘고 세련된 디자인으로 평가받고 있기 때문이에요.

여러분은 어떻게 생각하시나요? 지금도 끊임없이 새로운 서비스로 진화해 나가는 제페토가 어디까지 성장을 거듭할지 정말 기대되지 않으세요? 가상세계, 메타버스 시대를 지금부터 저와 함께 제페토로 준비해 볼까요?

Chapter 2 나도 크리에이터가 될 수 있을까?

블로그, 유튜브, 인스타그램, 틱톡 이젠 제페토까지 SNS의 종류가 참 다양하죠? SNS가 발달하면서 내 아이디어를 좋은 콘텐츠로

만들 수만 있다면 누구나 크리에이터가 될 수 있는 시대가 되었어요. '좋은 콘텐츠?!' 콘텐츠라는 말은 많이 들어 봤는데…

콘텐츠가 도대체 뭐지?'

세상 모든 창작물 그러니깐 글, 그림, 사진, 영상, 음악, 게임 심지어 댓글까지 모두 콘텐츠라고 할 수 있어요. 인터넷과 스마트폰이 발달하면서 누구나 쉽게 글이나 영상을 공유할 수 있게 됐죠. 글이나 영상이 인기를 끌게 되면 자연스럽게 사람들이 모여들고 팬이 생기기 시작해요. 그런 팬들이 많아지면 영향력이 생기죠. 사람들은 자신이 좋아하는 사람을 믿고, 따라 하고 싶어 하거든요. 그러니 콘텐츠만 잘 만들면 누구나 크리에이터가 될 수 있어요.

요즘 궁금한 것이 생기면 어떻게 하시나요? 바로 스마트폰을 꺼내 검색을 하죠! 이제 더 이상 사람들은 TV 광고나 신문 기사의 메시지를 믿지 않아요. 필요한 물건은 블로그나 인스타그램, 유튜브에서 그 물건을 실제로 사용해 본 사람들의 사용 후기를 먼저 보고 살지 말지 결정하죠. 사람들은 알아듣기 힘든 어려운 말이나 하는 전문가보다 자신의 언어로 친근하게 설명해 주는 걸 더 좋아해요. 광고가 포함된 걸 뻔히 알면서도 '가전주부' 같은 유튜브 채널이 인기를 끄는 이유, 이제 아시겠죠? 크리에이터의 영향력이 커진 이유가 바로 여기에 있어요. 영향력이 커진 만큼 크리에이터의 역할도 중요하겠죠?

SNS의 발달은 우리가 소통하는 방식을 완전히 바꿔 놓았어요. 누군가가 만들어 놓은 콘텐츠를 그냥 보고 즐기는 시대에서 직접 쓰고 찍고 편집해 공유하는 시대가 되었죠. 새로운 방식의 소통이 시작된 거예요. 이젠 누군가의 안부를 전화나 문자로 묻지 않아요. SNS에 올라온 사진이나 영상을 확인하고 댓글을 달죠. '얘가 이런 걸 좋아했었나?' 평소엔 몰랐던 새로운 모습을 발견하게 되면 왠지 더 친해진 듯한 느낌까지 들어요. SNS에 올라오는 콘텐츠는 이제 우리에게 새로운 소통의 수단으로 완전히 자리 잡았죠.

너나 할 것 없이 쏟아내는 콘텐츠 홍수 속에서 내 콘텐츠가 선택받으려면 다른 사람과 뭔가 달라야겠죠? 전 그 뭔가를 제페토에서 찾았어요. 비슷비슷한 콘텐츠 사이에서 딱 보면 '아, 이 사람!' 하는 그런 게 필요했거든요. 재밌고 개성 있는 콘텐츠를 어떻게 만들지는 엄청난 고민이 아닐 수 없어요. 제가 제페토를 활용하게 된 이유도 바로 그런 고민에서부터 출발했죠. '나'를 표현하는 데 '나'보다 좋은 건 없잖아요! '진짜 나는 아니지만 날 닮은 캐릭터라면 어떨까?' 이것저것 찾다가 결국 제페토를 만나게 된 거예요.

제페토와 크리에이터, 왠지 느낌이 팍 오지 않으세요? 전 콘텐츠 아이디어를 제페토에서 얻어요. 아이디어라는 게 하늘에서 갑자기 뚝 떨어지는 게 아니잖아요? 제페토에 새로 올라온 포즈와 영상을 보며 '이건 저거랑 연결하면 이런 스토리가 되겠는데!' 또는 '이거랑 저거랑 합쳐서 요렇게 해볼까?' 하며 아이디어를 콘텐츠로 완성해 나가죠. 제페토는 그저 단순한 아바타 앱이 아니에요. 아이디어 창고이자 콘텐츠까지 만들 수 있는 종합 툴이죠.

요즘 크리에이터가 되고 싶어 하는 사람들이 참 많아졌죠. 그런데 왜 크리에이터가 되고 싶다고 하면서 콘텐츠를 만들어 공유해 보지는 않을까요? 글을 못 써서… 그림을 못 그려서… 춤을 못 춰서… 이유는 참 다양하죠. 저도 그런 건 잘 못 해요. 그래서 제페토를 활용하고 있어요. 제페토는 제가 잘 못 하는 것들을 대신해 주거든요. 글은 자꾸 써야 늘어요. 저도 글을 잘 쓰는 건 아니지만 이렇게 쓰고 있잖아요. 재밌는 아이디어를 제페토에 담아 공유해 보세요. 크리에이터라는 거창한 이름이 아니면 어때요? 다들 처음엔 그렇게 시작하는 거 아니겠어요!

'많은 사람이 제페토를 사용하게 되면 구별이 안 되는 거 아니냐?' 걱정 마세요. 모든 사람이 내 캐릭터를 알아봐야 할 필요는 없거든요. 내 콘텐츠를 좋아하는 분들만 알아봐 주면 되죠. 수많은 아이돌 그룹 중에서도 팬은 자신이 좋아하는 그룹을 알아보는 것처럼 내 콘텐츠를 좋아하는 분들은 알아봐 줄 거예요. 비슷비슷한 캐릭터들 사이에서 내 캐릭터를 특별하게 만들 수 있는 사람은 바로 '나' 뿐이니까요. 어쩌면 크리에이터란 내 캐릭터에 그런 생명을 불어넣어 주는 사람이 아닐까요? 제페토로 캐릭터를 만들고 예쁘게 꾸미며, 어떤 크리에이터가 되고 싶은지 한번 생각해 보세요.

Chapter 3   1인 미디어, 1인 기업, N잡 시대

"1인 미디어란 개인이 다양한 콘텐츠를 직접 생산하고 공유할 수 있는 커뮤니케이션 플랫폼이며 새로운 형태의 커뮤니케이

션 채널을 의미한다."라고 위키백과에 나와 있더라고요. 쉽게 말해 스마트폰과 SNS가 1인 미디어라고 할 수 있어요. 그럼 1인 기업은 뭘까요? 1인 기업은 개인이 사장이면서 직원인 기업을 뜻해요. 주로 자신이 가진 지식이나 경험, 기술을 사용해 수입을 얻죠. 1인 미디어를 활용해 콘텐츠를 만들고 공유해 돈을 버는 크리에이터들도 1인 기업이라고 할 수 있어요.

요즘 직장을 다니면서 유튜브, 인터넷 쇼핑몰, 택배 배달 같이 다양한 일을 하는 사람들이 늘어나고 있죠? '이게 본업이다' 정하지 않고, 다양한 일을 하는 것을 'N잡'이라고 해요. 그리고 그런 다양한 일을 하는 사람을 'N잡러'라고 부르죠. 요즘에는 평생 같은 직장에서 같은 일을 하는 것보다 다양한 재능을 살려 여러 가지 일을 하고 싶어 하는 사람들이 늘고 있어요. 스마트폰과 SNS 덕분에 자신의 재능을 알리거나 계발하는 일이 쉬워졌기 때문이죠. 언제 사라질지 모르는 한 가지 분야에 전문가가 되기보다 다양한 일과 취미를 경험하며 변화에 적응해 나가야 한다는 압박감도 한몫했을 거예요. 이젠 N잡이 너무나 당연한 시대가 되어 가고 있어요.

2020년 12월, <SBS스페셜>에서는 'N잡시대 부캐로 돈 버실래요?'라는 제목의 다큐멘터리가 방영되었어요. N잡과 부캐에 대한 관심이 얼마나 커졌는지 실감할 수 있죠. 여기서 '부캐'는 게임에서 사용하던 용어로 원래 가지고 있던 캐릭터를 본캐릭터, 새롭게 만든 캐릭터를 부캐릭터, 이것들을 다시 줄여 '본캐'와 '부캐'라고 하죠. 일상생활에 적용해보면 직장에서 일하는 모습이 '본캐', 다른 일을 하는 모습을 '부캐'라고 할 수 있어요. 잡코리아가 실시한 설문조사에서 거의 90% 가까이 부캐를 갖게 되는 사람이 앞으로 더 늘어날 것이라고 대답했다고 해요. 그 이유가 정년 없는 일자리, 즐기면서 할 수 있는 일, 새로운 직업 발굴 등이라는 것을 보면 급변하는 시대에 미래를 준비하는 과정에서 새로운 재능을 찾고 즐겁게 일하고 싶어하는 사람들의 바람을 엿볼 수 있어요.

부캐? 제페토!

왠지 여기서도 느낌이 팍 오지 않으세요? 최근 연예인들도 다양한 캐릭터를 선보이고 있죠. 캐릭터마다 다양한 재미를 보여주며 인기를 끌고 있는 걸 보셨을 거예요. 콘텐츠에 따라 다양한 캐릭터를 만들고 경험해 보는데 제페토만큼 최적화된 플랫폼이 또 있을까요?

기존에 사용하던 SNS에서 자신의 이름을 숨기고 새로운 계정을 만들어 운영하는 사람들도 많아졌죠? 아마도 주변 사람들의 시선을 신경 쓰지 않고 다양한 시도를 해 볼 수 있기 때문일 거예요. 새로운 캐릭터를 설정할 때 눈에 보이는 구체적인 대상이 있다면 캐릭터 설정이 좀 더 수월하겠죠? 제페토로 '또 다른 나의 모습'을 상상하며 캐릭터의 성격과 특징을 구체화하는 경험을 해 보는 건 어떨까요? 조금씩 도전하다 보면 어제보다 성장한 나의 모습을 발견하게 될 거예요.

자 그럼 지금부터 제페토로 본격적으로 시작해 볼까요?

Part 2 제페토 캐릭터는 어떻게 만들까?

Chapter 4 제페토 앱 설치 및 가입

제페토를 시작하려면 먼저 제페토 앱을 스마트폰에 설치해야죠. 안드로이드폰이라면 [구글플레이(Google Play)], 아이폰이라면 [앱스토어(App Store)]에서 "제페토"를 검색하세요.

혹시 한글로 검색했는데 나오지 않는다면 영어로 "ZEPETO"를 검색해 보세요.

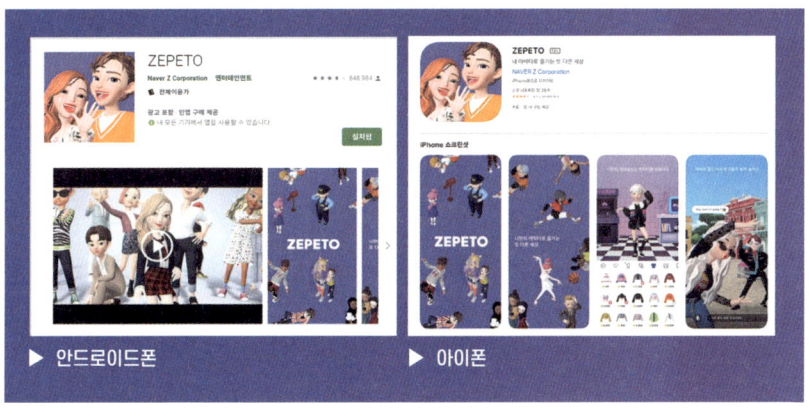

제페토 앱을 찾으셨다면 [설치]를 눌러 설치해 주세요. 설치가 끝났다면 앱을 실행하세요. 화면 상단에 [시작하기]를 누르면 "몇 년도에 태어났나요?"라는 화면이 나타날 거예요. 태어난 년도를 선택하고 [다음]을 눌러 주세요. "새로운 약관에 동의해주세요!"라는 화면이 나오면 [네, 동의합니다]를 눌러 다음 화면으로 이동!

　새로 회원가입을 하거나 이미 가지고 있는 페이스북, 트위터, 카카오톡 계정으로 로그인할 수 있어요. 다음 단계부터는 상황에 따라 설명할게요. 자신의 상황에 맞는 설명을 찾아 따라 해주세요.

새로 회원가입을 하는 경우

　[휴대폰 번호로 시작하기]와 [이메일로 시작하기] 중에서 선택하세요. 선택하셨다면 전화번호나 이메일 주소를 입력하고 인증번호를 받으세요. 인증번호가 도착하면 번호를 입력하고 [완료]를 누르면 "비밀번호 설정" 화면이 나타나요. 원하는 비밀번호를 입력하고 [완료]를 눌러 주세요.

　자, 이제부터 캐릭터를 만들어 볼까요? "캐릭터의 성별을 선택해 주세요"라는 화면이 나타나면 성별을 선택하세요. 기본 캐릭터 중에서 원하는 캐릭터를 선택하고 시작할 수도 있지만, 우린 직접 만들어 볼게요. [카메라 촬영으로 시작하기]와 [앨범 사진으로 시작하기] 중에서 원하시는 버튼을 눌러 주세요.

카메라 촬영으로 시작하기

　카메라 촬영을 선택했다면 사진 촬영허용 여부를 묻는 화면이 나타날 거예요. [허용]을 누르면 카메라 모드가 작동돼요. 화면에 보이는 동그라미 안에 얼굴이 들어가도록 사진을 찍으면 캐릭터를 자동으로 만들어 줘요. 처음 만들어진 캐릭터가 마음에 안 들어도 걱정 마세요! 다 예쁘게 수정이 가능하거든요. [완료]를 누르고 수정하러 가볼까요? "새로운 약관에 동의해주세요!" 화면이 나오면, 하단에 [시작하기]를 누르고 캐릭터 꾸미기로 이동해 주세요.

앨범 사진으로 시작하기

　앨범 접속허용 여부를 묻는 화면이 나타나면 [허용]을 눌러 주세요. 원하는 얼굴 사진을 골라주세요. 정면을 보고 있는 선명한 얼굴 사진이어야 해요. 자동으로 만들어진 캐릭터가 못생겼다고 실망할 필요 없어요. 다 예쁘게 수정할 수 있거든요. "새로운 약관에 동의해주세요!" 화면이 나오면, 하단에 [시작하기]를 누르고 시작! 자, 이제부터 예쁘게 수정하는 방법을 알아볼까요?

Chapter 5 캐릭터 꾸미기

첫 화면 메뉴는 머리 스타일을 정하는 메뉴예요. 먼저 무료로 사용할 수 있는 아이템이 보일 거예요. 사용 가능한 아이템은 하단에 체크(✓) 표시가 있어요. 하단에 핑크색 젬이나 노란색 코인 모양 옆에 숫자가 적혀 있다면 구매해야 하는 아이템이죠.

아이템을 누르면 착용한 모습이 나타나요. 구매하지 않아도 착용은 해 볼 수는 있으니 이것저것 눌러보며 맘에 드는 스타일을 골라 주세요. 처음에 가입하면 주어지는 코인이 있으니 가지고 있는 금액에 맞춰 구매도 가능해요. 여기서 왠지 금전 감각이 테스트 받는 느낌이 드네요. 아직은 무료로 할 수 있는 범위에서 즐겨 보세요. 앞으로 무료 코인 얻는 방법도 배울 테니, 지름신은 좀 참아 주세요!

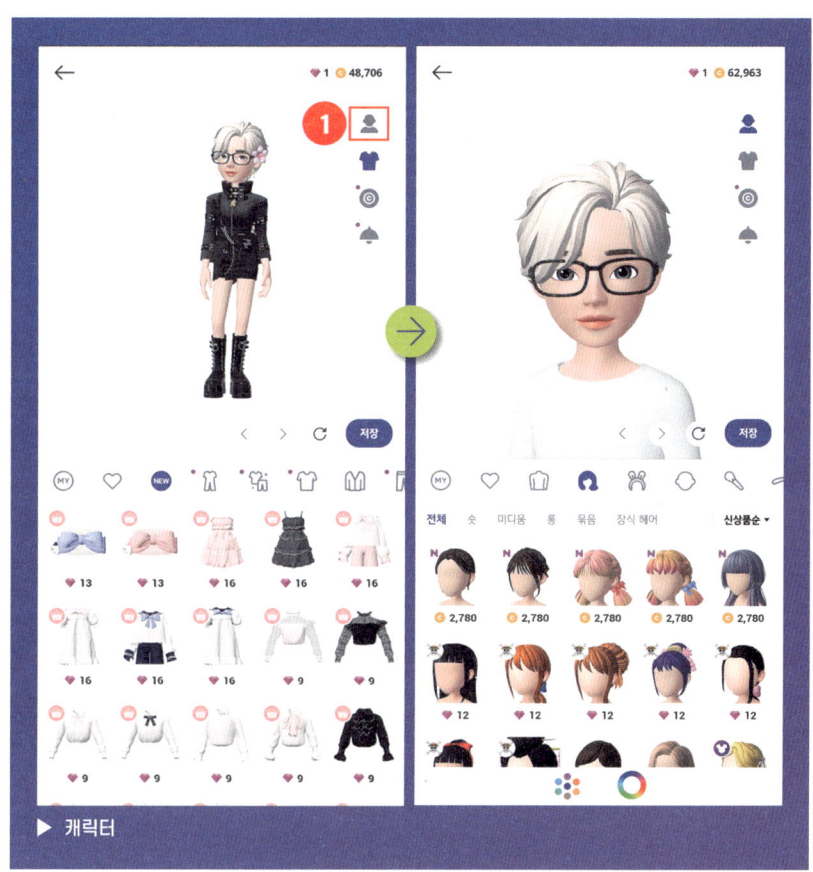

▶ 캐릭터

　이미 캐릭터를 완성했지만 더 예쁘게 수정하고 싶다면 홈 화면에서 [캐릭터]를 누르면 그림과 같은 화면이 나타나요. 빨간색 1번으로 표시된 "사람" 모양 아이콘을 눌러 주세요.

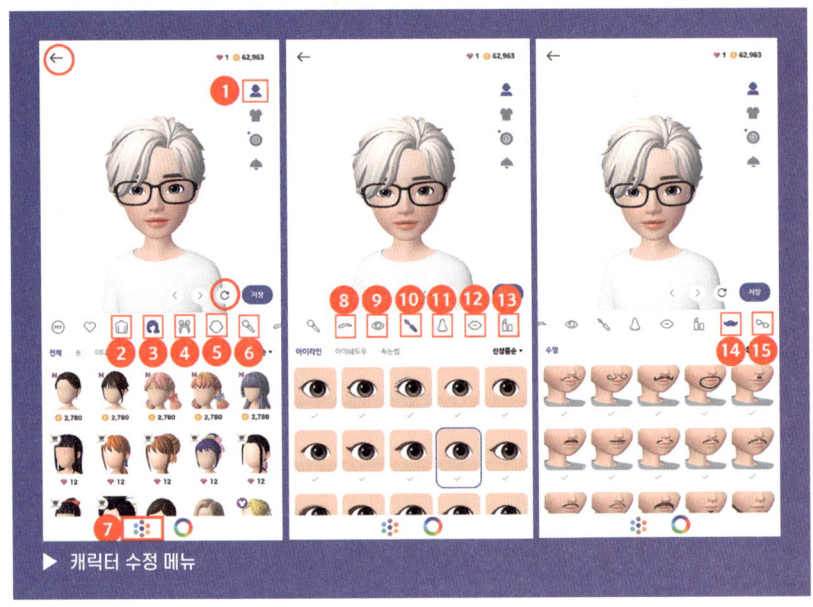
▶ 캐릭터 수정 메뉴

　캐릭터 수정 메뉴를 살펴볼게요. 중앙에 있는 메뉴 부분에 손가락을 대고 왼쪽으로 밀어주면 보이지 않던 메뉴들이 나타나요.

　수정하다가, "혹시 더 이상해지면 어쩌지?" 걱정되시나요? 그런 걱정 없이 맘껏 이것저것 눌러 볼 수 있도록 먼저 [되돌리기]와 [저장] 메뉴에 대해 알아볼게요.

되돌리기와 저장

　수정을 하다가 마음에 들지 않아 다시 수정하기 이전 모습으로 돌아가고 싶을 때가 있죠? 보라색 [저장] 옆에 빨간색 동그라미로 표시된 둥근 화살표 [되돌리기]를 터치하면 "이전 저장으로 돌아가기"와 "메이크업 지우기"라는 메뉴 창이 나타나요. "이전 저장으로 돌아가기"를 누르면 저장하기 전으로 모습으로 돌아가요. 여기서 주의할 것은 [저장]을 눌러 이미 저장된 모습 이전으로는 돌아갈 수 없어요. "메이크업 지우기"를 누르면 눈화장과 메이크업만 사라져요. 물론 이것도 [되돌리기]를 눌러 "이전 저장으로 돌아가기"를 선택하면 다시 원래대로 나타나요.

수정이 다 끝나면 보라색 [저장]을 눌러 저장해야만 해요. 저장하지 않고 왼쪽 상단에 빨간 동그라미로 표시된 화살표 [나가기]를 눌러 버리면, 수정하기 전 모습으로 다시 돌아가 버려요. 수정이 다 끝나면 잊지 말고 [저장]을 눌러 주세요!

❶ 캐릭터 체형과 얼굴 수정 메뉴

캐릭터 체형과 얼굴 수정 메뉴를 누르면 항상 헤어스타일 메뉴가 제일 먼저 나타나요. 빨간색 동그라미로 표시된 보라색이 현재 선택된 메뉴라는 표시예요. 빨간 상자로 표시된 곳에 글자 하나하나가 아이템 메뉴죠. 글자를 터치하면 메뉴에 따라 아이템들이 보여요.

❷ 체형

기본 설정된 체형에서 원하는 체형으로 변경할 수 있어요.

❸ 헤어스타일

원하는 헤어스타일을 정하고 색상을 변경하고 싶다면 7번 [색상변경]에서 변경할 수 있어요.

❹ 머리 장식/모자

머리 장식이나 모자를 구매할 수 있어요.

❺ 얼굴형

원하는 얼굴형을 고르고 [커스텀]에서 좀 더 세밀하게 조절 할 수 있어요. 조절하고 싶은 부분의 흰색 동그라미에 손가락을 대고 위, 아래, 왼쪽, 오른쪽으로 움직이면 얼굴 모양을 늘렸다 줄었다 할 수 있어요. 옆모습을 보면서 조절도 가능해요. 정면을 수정할 때와 같이 동그라미를 터치하거나 손가락을 올린 상태에서 움직이며 조절하세요. 약간씩만 조절하고 싶을 때는 조절하고 싶은 부분의 동그라미를 터치하고 오른쪽과 아래쪽에 나타난 조절 바를 위아래, 좌우로 움직여 조금씩 조절할 수도 있어요. 맘에 들지 않으면 왼쪽 화살표

[나가기]를 누르면 원래 모습으로 돌아가요. 그럼 [커스텀]을 눌러 다시 처음부터 수정할 수 있어요. 수정이 끝나면 오른쪽 상단에 있는 [확인]을 눌러야만 수정된 모습으로 저장돼요. 저장이 끝나면 왼쪽 상단에 [나가기]를 눌러 메인 메뉴로 돌아오세요.

❻ 메이크업

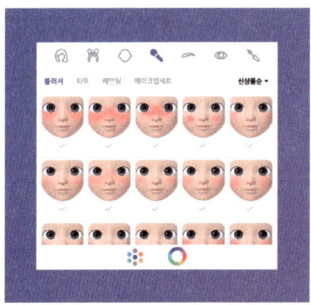

블러셔, 타투, 페인팅, 메이크업 세트 등 얼굴에 다양한 메이크업을 할 수 있어요. 선택했지만 맘에 들지 않는다면 똑같은 아이템을 한 번 더 터치하면 선택이 취소돼요.

❼ 색상 변경

머리, 피부, 눈, 눈썹처럼 색상 변경이 가능한 것들은 각 메뉴에서 [색상변경]을 눌러 변경할 수 있어요. 색상을 변경할 수 없는 것들은 [색상변경] 메뉴가 나타나지 않아요.

❽ 눈썹

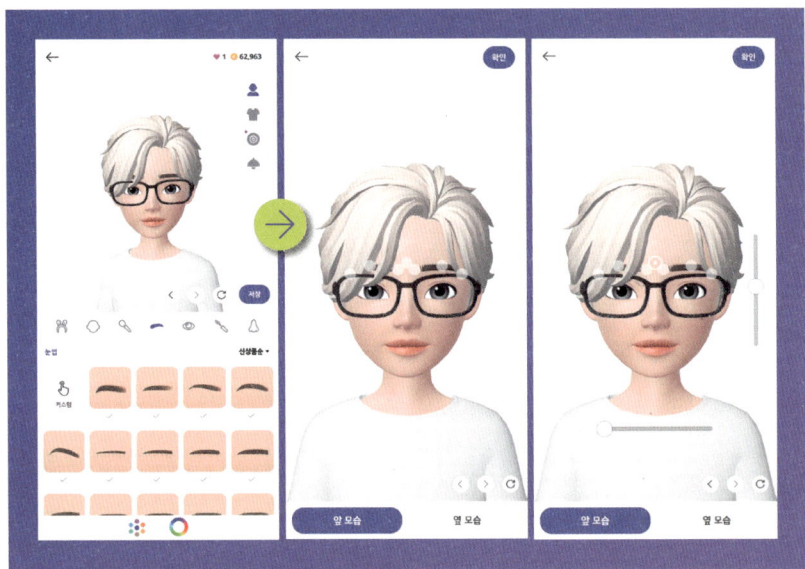

원하는 눈썹의 모양을 고르고 [커스텀]으로 눈썹의 높낮이를 조절해 원하는 모양으로 수정할 수 있어요.

❾ 눈

이미 있는 눈 모양 중에서 가장 맘에 드는 것을 먼저 정하고 [커스텀]으로 조절하면 좀 더 쉽게 원하는 모양으로 수정할 수 있어요. 눈꺼풀 메뉴에서는 3개까지 선택할 수 있어 다양하게 연출할 수 있어요.

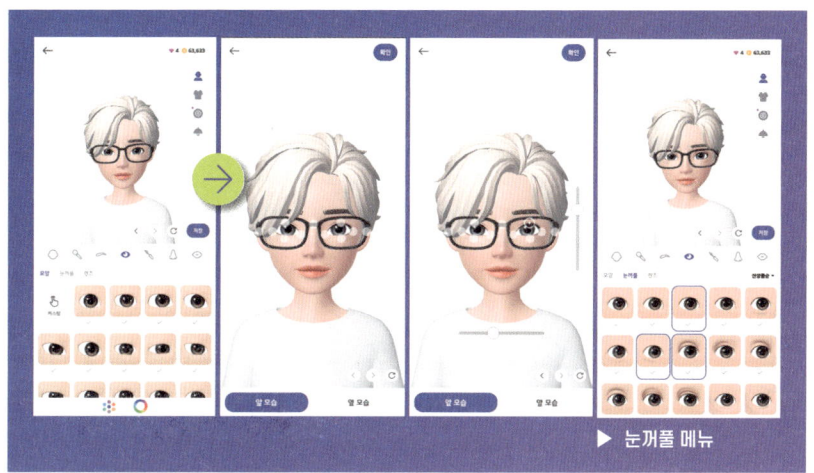

▶ 눈꺼풀 메뉴

🔟 눈화장

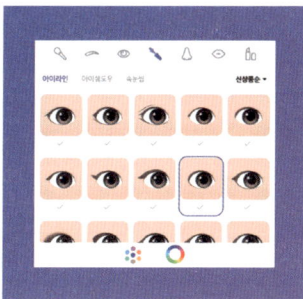

아이라인, 아이섀도, 속눈썹 등 다양한 눈화장을 선택할 수 있어요.

11 코

가장 맘에 드는 코의 모양을 선택하고 [커스텀]에서 높낮이와 크기,

위치를 조절해 보세요.

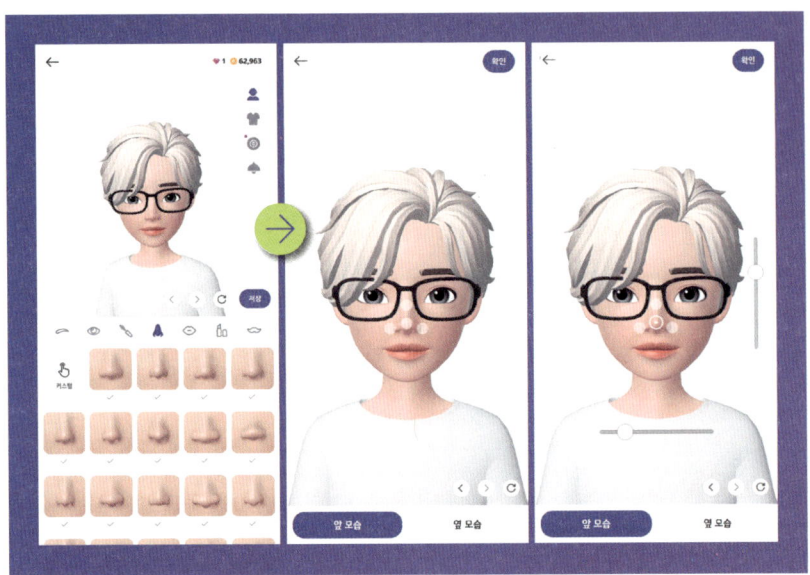

12 입

입 모양 중에서 가장 맘에 드는 모양을 먼저 선택하고 [커스텀]에서 입의 위치와 입꼬리 모양을 조절해 보세요. 거울을 보며 자신의 입술 모양과 비슷하게 만들어 보는 것도 재밌겠죠.

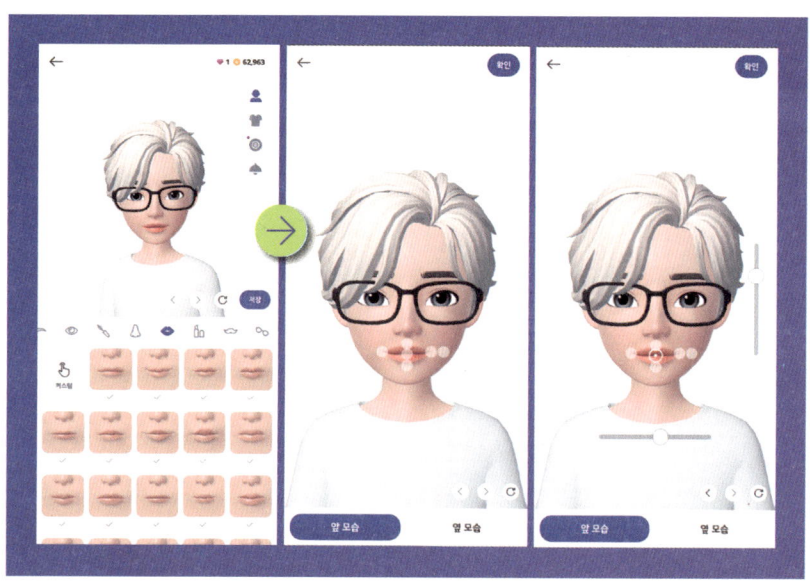

⑬ 립메이크업

입술이 창백하면 아파 보이죠. 생기 있어 보이게 만들어 주세요. 색상도 변경해가며 다양한 느낌을 연출해 보세요.

⑭ 수염

남자라면 수염을 기른 모습을 상상하며 색다른 분위기를 연출해 보는 것도 재미있겠죠.

🟠 **안경**

저는 평소 안경을 써서 제 캐릭터는 안경을 쓰고 있어요. 평소 안경을 쓰지 않아도 요즘엔 패션 아이템으로 선글라스나 패션 안경을 활용하는 경우도 많죠. 안경으로 세련된 분위기를 연출해 보는 것은 어떨까요?

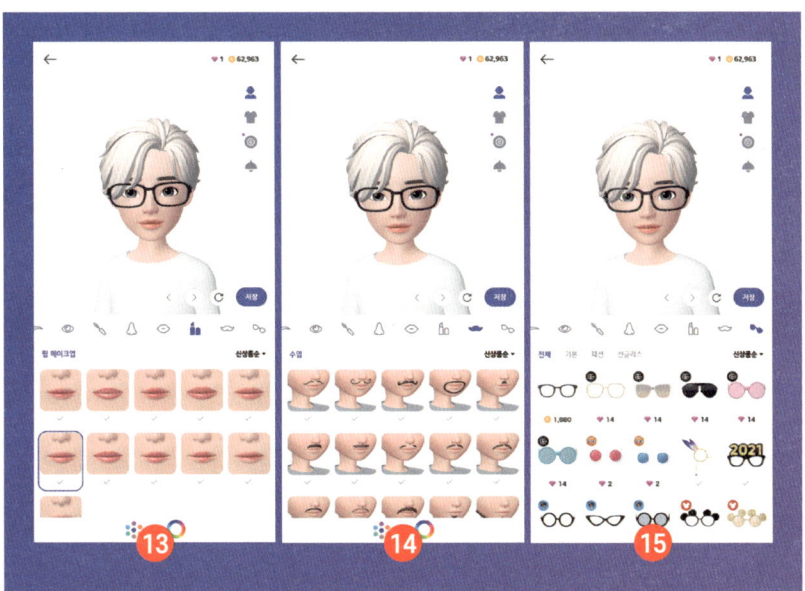

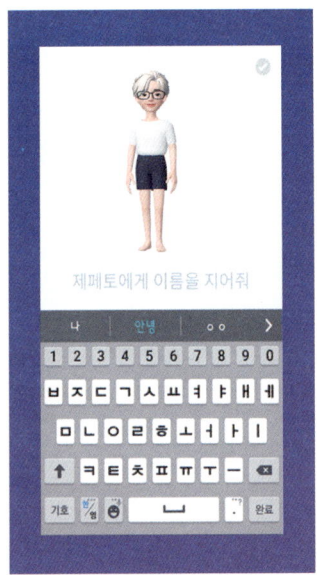

캐릭터를 다 완성했다면, "제페토에게 이름을 지어줘"라는 화면이 나타나요. 앞으로 사용할 캐릭터의 이름을 써 주고 [완료]를 눌러 주세요. 만약 이름을 변경하고 싶다면 나중에 [프로필]에서 변경할 수 있어요. [프로필] 수정하는 방법은 파트3에서 알아볼게요. 그럼 다음은 기본 메뉴를 살펴볼까요?

Chapter 6 기본 홈 메뉴

 캐릭터 꾸미기를 끝내고 저장을 하고 나오면 홈 화면이 나타나요. 이제 제페토 앱을 열면 이 화면에서 시작하게 될 거예요. 홈 화면에는 다양한 메뉴들이 있어요.

 홈 메뉴는 '럭키박스', 'Invite' 등 제페토에서 진행하는 이벤트에 따라 유동적으로 순서가 변경될 수 있어요.

① 캐릭터

캐릭터의 옷이나 아이템을 변경하거나 캐릭터를 수정하는 메뉴

① 새로 올라온 아이템이 제일 먼저 보여요. 오른쪽 상단에 빨간색으로 표시된 메뉴를 위에서부터 하나씩 설명할게요. 사람처럼 생긴 모양은 캐릭터를 수정하는 메뉴예요. 그 아래 옷 모양은 아이템을 구매하는 샵이에요. 보라색으로 표시된 것은 지금 이 메뉴를 보여주고 있다는 표시예요. 그다음 동그라미에 "C"라고 적힌 메뉴는 크리에이터들이 만든 아이템만 모아 놓은 메뉴예요.

② 마지막으로 전등처럼 생긴 모양은 홈에서 보이는 캐릭터의 방을 예쁘게 꾸며주는 메뉴예요. 캐릭터의 방을 꾸미는 아이템을 구매하거나 변경할 수 있죠. 화면에 "+"를 누르면 그 부분에 놓을 수 있는 아이템이 메뉴에 나타나요.

② 상점

자신의 캐릭터를 꾸밀 옷과 아이템을 구입하는 곳

다양한 신규 오픈 아이템과 추천 크리에이터 아이템들이 제일 먼저 보여요. 친구에게 아이템을 선물할 수도 있어요.

③ 퀘스트

코인을 받을 수 있는 미션 소개

다양한 미션들이 준비되어 있어요. 매일 5개, 10개씩 미션을 완료하면 보너스도 받을 수 있어요.

④ 무료코인

코인이나 젬을 받을 수 있는 럭키스핀과 미션

매일 한 번씩 럭키스핀을 할 수 있어요. 코인이나 젬을 받을 수 있는 다양한 미션이 준비되어 있죠.

❺ 스타일

다른 사용자들의 스타일 보기

지금 인기 있는 스타일이나 다른 이용자들이 사용 중인 아이템을 확인하고 똑같은 아이템을 구매할 수 있어요. 원한다면 내 스타일을 올려 다른 이용자들에게 나의 패션 센스를 보여줄 수도 있죠.

❻ 크루

관심사가 같은 친구들의 모임

같은 관심사를 가진 친구들과 모임을 만들거나 참여해 정보를 공유할 수 있어요. 특정 연예인들의 팬들이 모여 있는 크루가 대표적인 인기 크루예요.

❼ 링크

고유한 나의 링크 주소를 만들어 공유할 수 있어요. 한 번 생성된 주소는 변경이 안 돼요. 잘 생각해서 정해 주세요.

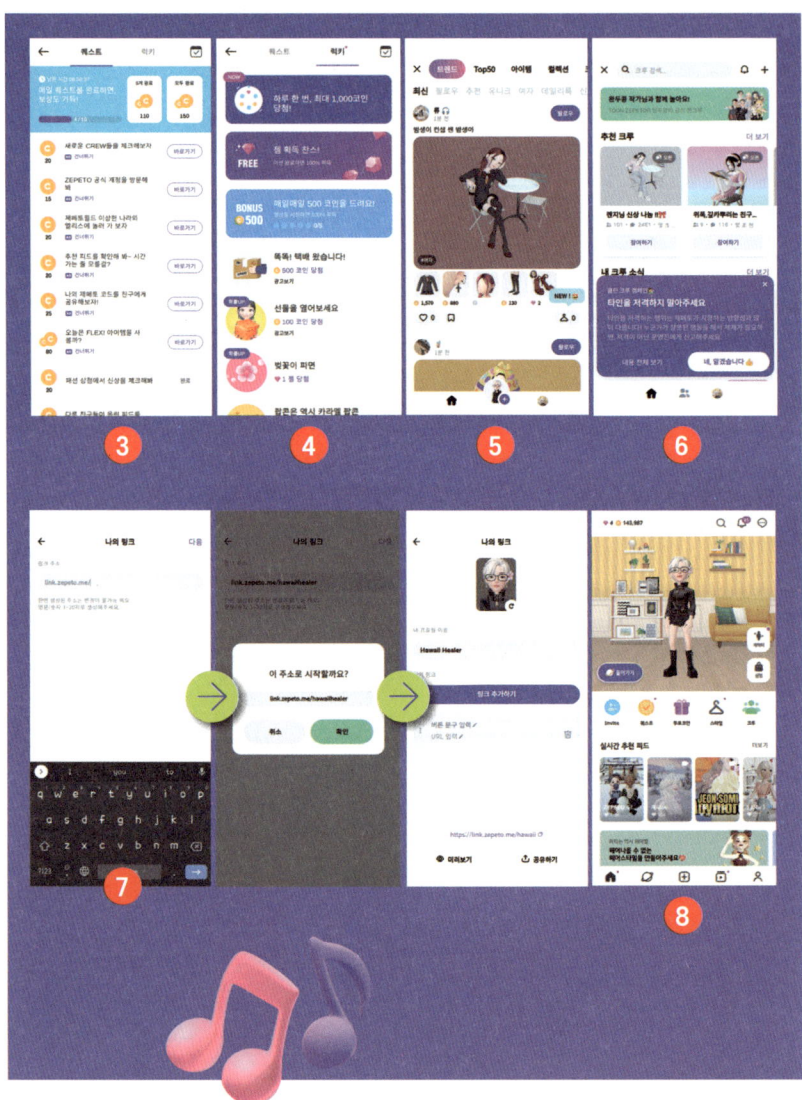

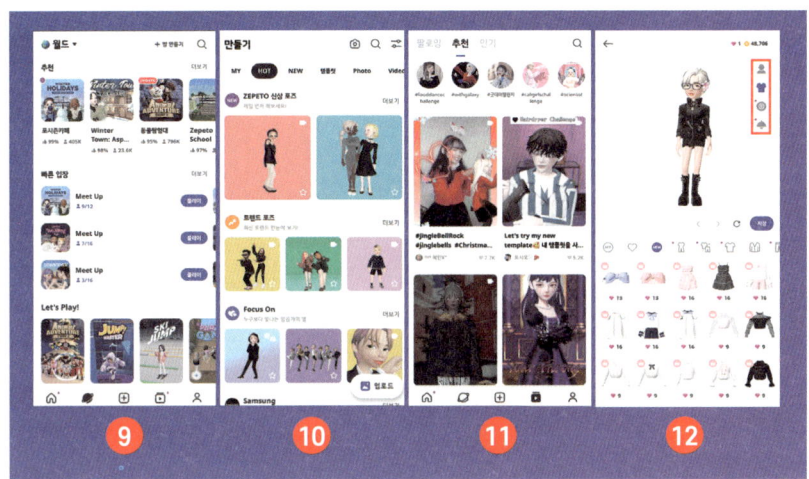

8 홈

처음 시작한 홈 화면으로 돌아가는 버튼

홈 버튼이 보이지 않는 경우, 왼쪽 맨 위에 있는 화살표 [나가기]로 이전 메뉴로 돌아갈 수 있어요.

9 월드

제페토 월드로 여행을 떠나는 로비

가장 추천하는 맵이 맨 위에 보이고 아래쪽으로 함께 놀러 갈 친구들을 초대할 수 있게 친구들이 보이네요. 그 밑으로 테마에 따라 나뉘진 다양한 맵들이 보일 거예요. 원하는 곳을 골라 구경해 보세요.

❿ 만들기

다양한 포즈와 동작을 사용해 이미지나 영상을 만드는 메뉴

앞으로 우리가 가장 많이 사용하게 될 메뉴예요. 신상 포즈와 영상들도 확인하고 다양한 포즈와 동작을 이미지와 영상으로 저장할 수 있어요. 저장한 이미지와 영상은 다양하게 편집해서 개인 SNS에 올릴 수도 있어요.

⓫ 피드

다른 사용자가 만들어 올린 이미지나 영상 구경하기

피드에서는 다른 사용자들이 만든 영상이나 이미지를 볼 수 있어요. 제페토 월드나 만들기에서 내가 만든 이미지나 영상을 내 피드에 올려 친구들과 공유할 수도 있어요.

⓬ 프로필

내 피드 확인과 프로필 수정

내가 올린 피드를 확인하거나 [프로필 편집]에서 프로필을 수정하고 추가할 수 있어요. 프로필 수정에 대해서는 파트3에서 더 자세히 알아볼게요.

들어가기

왼쪽 중앙에 보라색 [들어가기] 버튼이 최근 업데이트로 추가 되었네요. [들어가기]를 누르면 제페토 월드에 랜덤으로 바로 들어갈 수 있어요.

화면 왼쪽 상단 메뉴와 화면 중앙에 있는 메뉴 위에 손가락을 대고 왼쪽으로 밀면 나타나는 메뉴를 살펴볼까요.

❶ 검색

제페토 내에서 찾는 것들을 검색하는 검색창

보통 전체 검색을 하지만, 너무 많아서 찾기 어려울 때가 있죠? 계정, 태그, 맵, 아이템 등 찾으려고 하는 것에 따라 메뉴를 선택해서 검색할 수도 있어요.

❷ 알림

알림과 선물함 확인

새로운 팔로우나 친구들의 새 게시물을 안내해 주기도 하고 제페토에서 받은 선물이 있을 때, 선물함을 확인해 선물을 받을 수도 있어요.

❸ 메시지

친구들과 메시지를 주고 받는 채팅창

친구와 1:1로 메시지를 주고받거나 여러 친구와 단체 채팅방을 만들어 메시지를 주고받을 수도 있어요

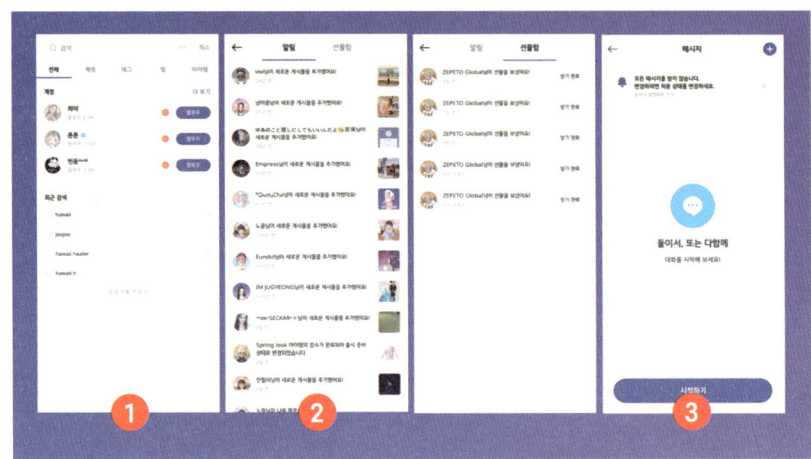

4 이벤트

제페토에서 진행중인 이벤트 확인 메뉴

⑤ 카메라

스마트폰 카메라 가능을 사용하여 이미지나 영상 촬영

룸, 일반, 액션, AR 등 카메라 기능을 활용할 수 있는 메뉴들이 준비되어 있어요.

▶ 룸　　▶ 일반　　▶ 액션　　▶ AR

6 플레이

다양한 플레이 메뉴

관심사를 함께 공유할 수 있는 크루, 미니게임을 즐길 수 있는 파티게임, 연예 심리를 알아볼 수 있는 사랑꾼 테스트, 연애 퀴즈 등 다양한 플레이 메뉴가 모여 있어요.

7 튜토리얼

제페토 왕초보를 위한 튜토리얼 영상 모임

❓ 럭키박스

무료 아이템을 획득할 수 있는 이벤트가 있을 때 나타나는 메뉴

❶ [티켓]을 터치하면 티켓을 받을 수 있는 미션이 나타나요. 미션을 수행하고 아이템 뽑기 티켓을 받으세요. 미션을 수행하고 다시 [럭키박스]로 돌아가면 받은 티켓의 개수가 숫자로 보여요. 이벤트가 진행되는 동안 하루 한 번씩 각 미션을 수행하고 티켓을 받을 수 있어요.

❷ 받은 아이템을 홈 화면에서 오른쪽 상단에 빨간색 동그라미로 표시된 [알림]을 눌러 [선물함]을 확인해 주세요. 도착한 선물 메세지에 [확인]을 누르면 바로 착용 여부를 묻는 창이 나타나요. 바로 착용하지 않아도 내 옷장에서 아이템을 확인할 수 있어요.

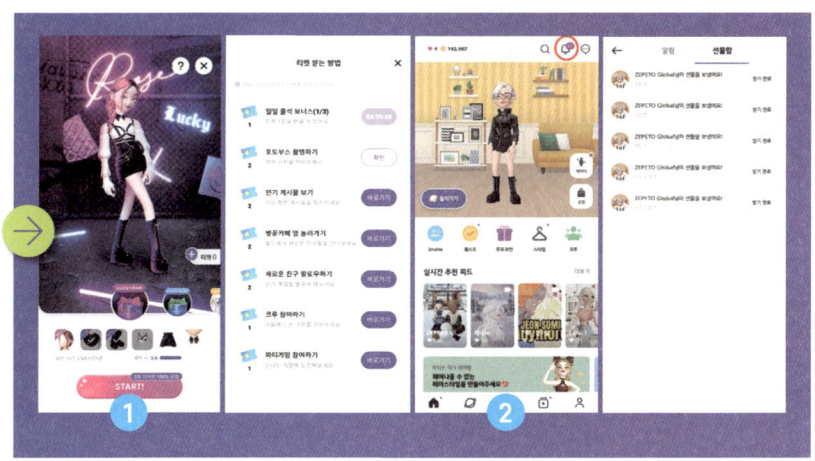

Chapter 7 무료코인 모으는 법

다양한 메뉴가 있죠? 하지만 걱정 마세요.

파트3에서는 콘텐츠를 만들 때 가장 많이 사용하게 될 메뉴와 사용법을 자세히 알아볼게요. 그전에 캐릭터를 예쁘게 꾸미려면 코인이 필요하겠죠. 그럼 다음으로 무료코인 모으는 법을 살펴볼까요?

무료코인을 모으는 방법은 크게 5가지가 있어요.

❶ 럭키스핀

럭키스핀은 하루에 한 번 가능해요.

홈에서 [무료코인]을 눌러 주세요.

① 상단에 빨간색으로 표시된 버튼을 눌러 주세요.

② [시작]을 누르면 돌림판이 돌아가요.

③ [OK] 또는 [광고 보고 2배 받기] 중에서 선택해 주세요.

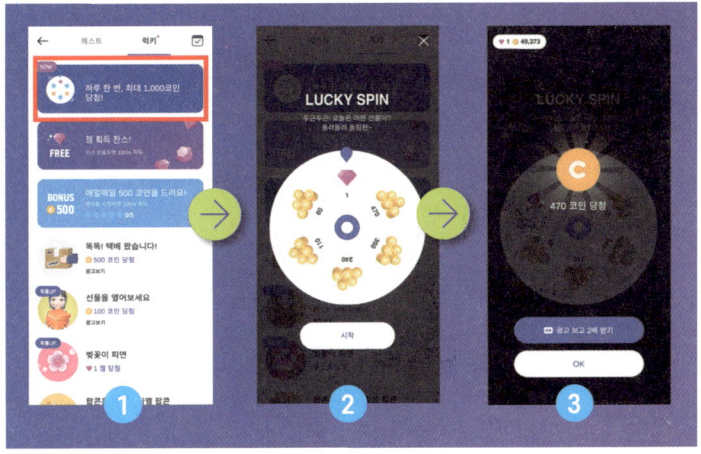

❷ 출석 도장 찍기

제페토 앱으로 매일 출석하면 보상으로 코인을 받을 수 있어요.

제페토 앱을 열면 자동으로 출석 체크 화면이 나타나요. 만약 자동으로 출석 체크 화면이 나타나지 않으면, [퀘스트] 또는 [무료코인]으로 들어가 그림에 빨간색으로 표시된 오른쪽 상단에 버튼을 눌러 주세요.

❸ 퀘스트 미션 클리어

[퀘스트]를 눌러 미션을 먼저 확인하고 쉬운 것부터 하나씩 미션을 수행해 보세요.

미션을 완료할 때마다 알림창이 나타나요. 바로 [확인]을 누른 후, [수락]을 눌러 코인을 받을 수도 있고, 나중에 퀘스트에서 한꺼번에 [수락]해서 받을 수도 있어요.

❹ 미니게임

[플레이]를 누르고 들어가 [파티게임]에 참여해 보세요.

❶ 다른 이용자들과 다양한 미니게임도 즐기고 코인도 받을 수 있어요.

❷ 게임을 잘 못 해도 걱정하지 마세요! 물론 1등을 하면 더 많은 코인을 받을 수 있지만, 게임에 참가만 해도 코인을 받을 수 있어요.

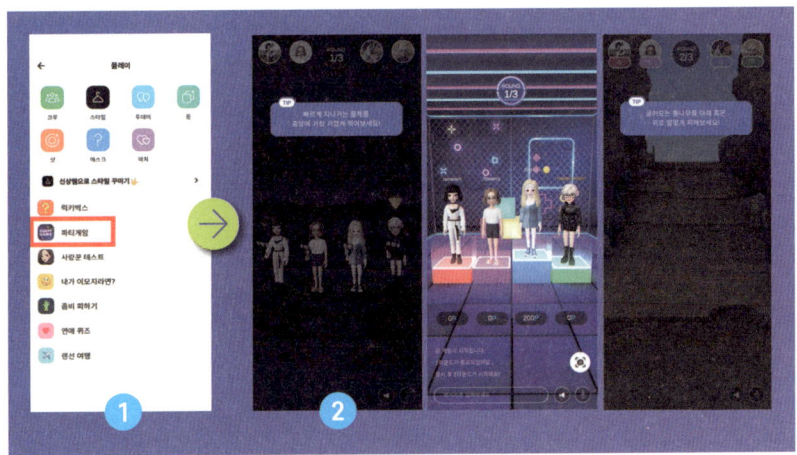

❺ 월드에서 미션 수행

제페토 공식 맵 중에는 미션을 수행하면 아이템이나 코인, 젬을 받을 수 있는 맵도 있어요. 대표적인 맵은 제페토 월드 초보자들을 위한 "헬로우 월드"가 있어요. 어디로 가봐야 할지 알았다면 꼭 한번 도전해 보는 거 잊지 마세요!

이제 무료코인 모으는 법을 알았으니 많이 모아서 캐릭터를 예쁘게 꾸며 보세요! 예쁘게 차려입고 친구들과 **제페토 월드**에서 함께 놀아 볼까요?

Chapter 8 제페토 월드

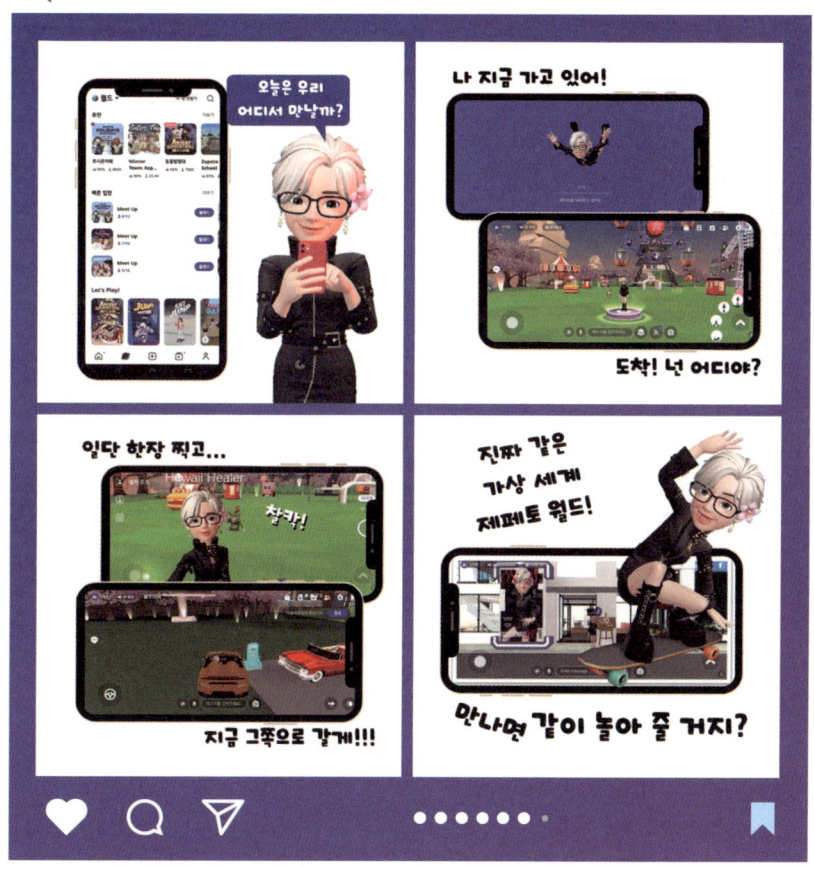

이번에는 제페토 월드에 대해서 알아봐요. 제페토 월드는 요즘 유행하는 메타버스, 바로 그 가상세계예요. 제페토 월드에는 BTS, 블랙핑크 맵도 있고 실제 장소와 비슷하게 꾸며진 다양한 테마의 맵이 준비되어 있어요. 여행 가기 힘든 요즘 다양한 장소를 구경도 하고 직접 만나기 힘든 친구들과 함께 모여 숨바꼭질을 하며 놀 수도 있죠. 실제와 똑같은 작품이 전시된 가상 전시회에서 3D로 작품을 감상할 수도 있어요. K-Pop 스타들의 공연과 팬 사인회도 여기에서 열렸어요. 코로나 때문에 입학식을 할 수 없었던 어느 대학에서는 제페토 월드에서 입학식도 했어요. 입학식이 진행되는 화면만 볼 수 있는 화상 입학식과 달리 실제 학생들을 닮은 캐릭터가 서로 이야기도 나눌 수 있어 좋았다고 해요. 제페토 월드에서는 그 어렵다는 MZ세대 친구들과의 소통도 조금은 쉬워지지 않을까요?

자, 그럼 이제 제페토 월드로 떠나 보자고요!

[월드]에서 원하는 맵을 선택해서 입장해 주세요. 제가 연습으로 만들어 본 맵이 2개 있어요. [검색]에서 영어로 "Hawaii"를 검색하면 "Hawaii Healer"라는 사람이 만든 맵이 2개 보일 거예요. 저랑 친구도 해주시고 제가 만든 맵에도 놀려와 주세요. 제가 만든

맵이 맘에 드시면 "좋아요"도 부탁드려요. 저는 제가 만든 맵으로 입장할게요.

자, 이제 메뉴를 하나씩 살펴볼게요.

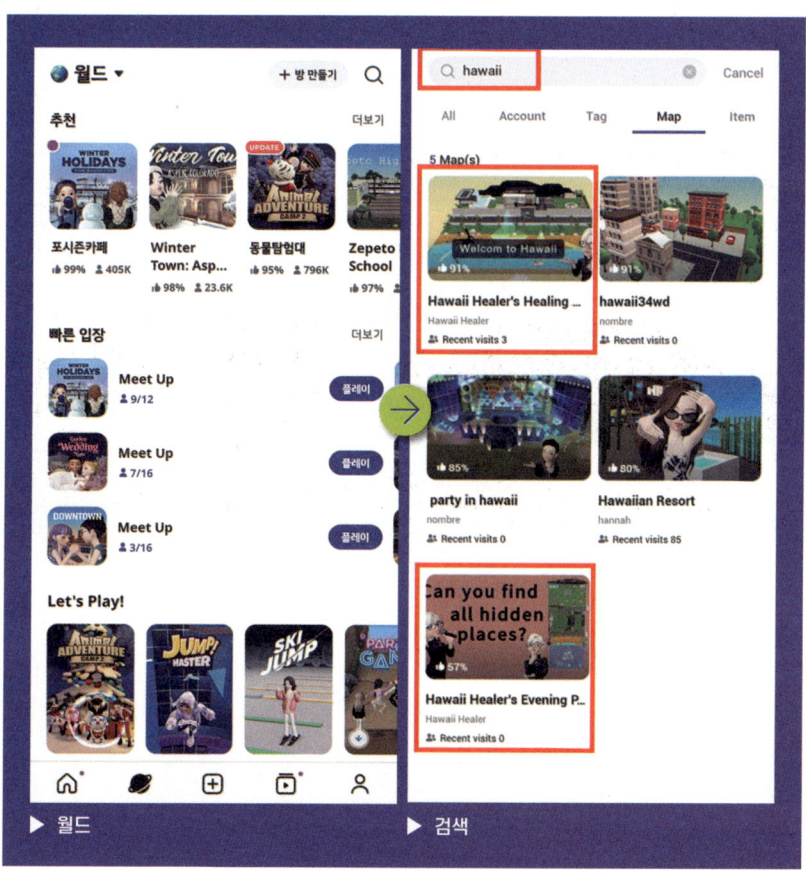

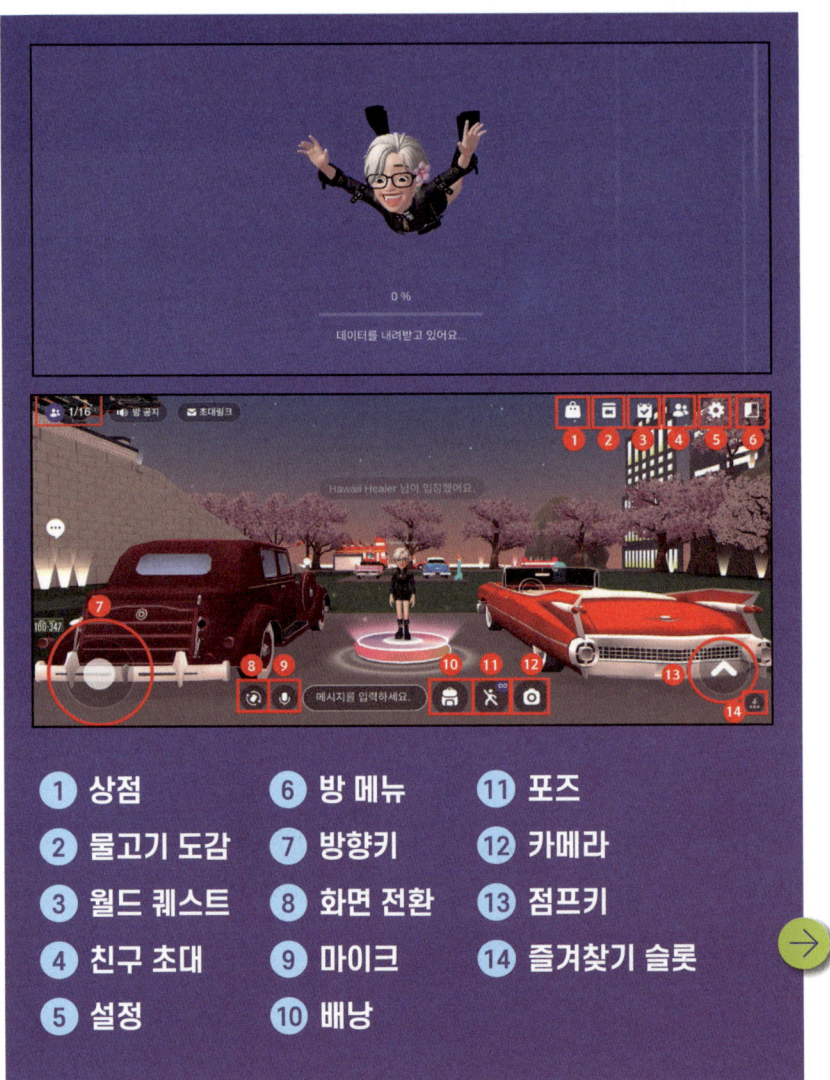

① 상점
② 물고기 도감
③ 월드 퀘스트
④ 친구 초대
⑤ 설정
⑥ 방 메뉴
⑦ 방향키
⑧ 화면 전환
⑨ 마이크
⑩ 배낭
⑪ 포즈
⑫ 카메라
⑬ 점프키
⑭ 즐겨찾기 슬롯

왼쪽 상단에 빨간색으로 표시된 부분은 현재 있는 맵에 몇 명이 있는지 알려 주는 거예요. 1/16이면 총 16명까지 함께 할 수 있고 현재 혼자 있다는 뜻이죠.

❶ 상점

월드에서 사용할 수 있는 아이템을 구매할 수 있어요.

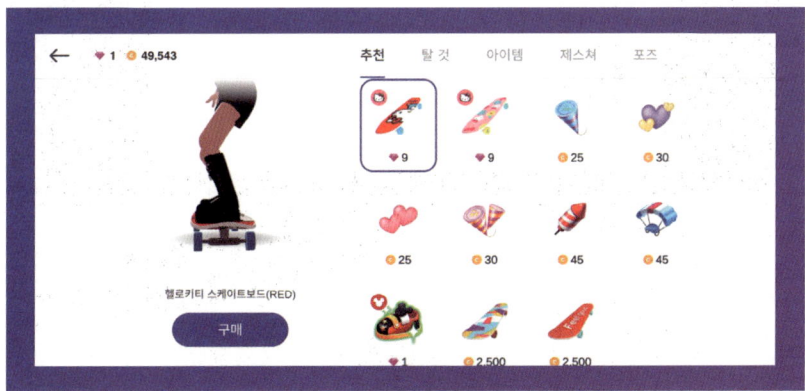

❷ 물고기 도감

월드 맵의 물속에서 헤엄치는 물고기를 잡을 수 있어요. 하지만 모든 맵에서 가능한 것은 아니에요. 물가에 다가가서 물고기 모양 아이콘이 나타나는 곳에서만 가능해요. 모험가 마을, 무릉도원, 벚꽃

정원, 테마파크, 비치타운에서 낚시를 할 수 있어요. 세로 모드에서는 낚시와 물고기 도감을 확인할 수 없어서 가로 모드에서 해야 해요. 낚시 미끼는 상점에서 구매하세요.

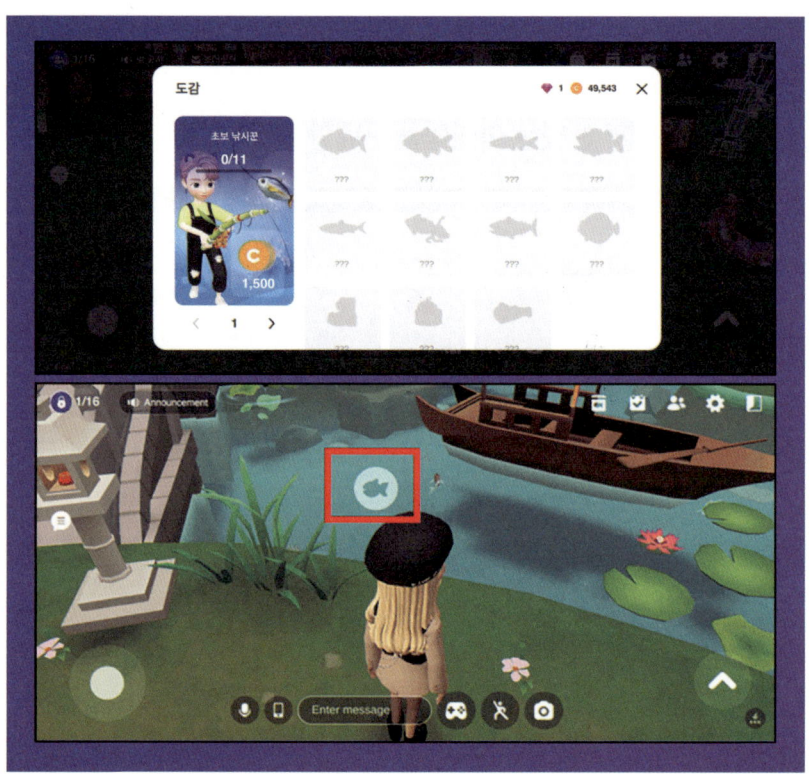

③ 월드 퀘스트

월드에서 코인을 받을 수 있는 미션을 확인할 수 있어요.

④ 친구 초대

자신이 있는 맵으로 친구들 초대해 함께 구경하며 사진도 찍고 이야기를 나눌 수도 있어요.

⑤ 설정

자신이 원하는 대로 사용 환경을 변경할 수 있어요. 하단에 있는 [시점]을 "3인칭"에서 "1인칭"으로 변경하면 마치 자신이 캐릭터가 되어 그곳에 있는 것처럼 즐길 수 있어요.

"1인칭" 시점으로 풍경 사진을 찍어 웹툰 배경으로 활용하거나, 영상을 촬영해 영상 콘텐츠를 만들 수도 있어요. 내 캐릭터의 눈으로 메타버스를 경험하고 싶다면 "1인칭" 시점을 꼭 사용해 보세요.

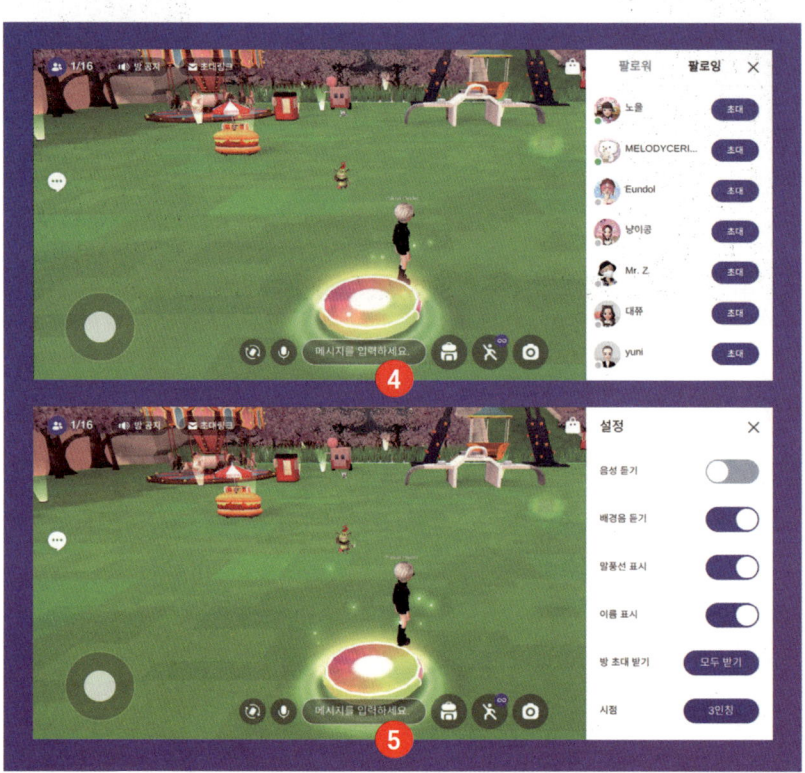

⑥ 방 메뉴

맵에서 나가고 싶다면 [방 나가기], 지금 있는 맵 정보를 알고 싶다면 [맵 정보], 다른 맵을 검색하고 싶다면 [방 검색], 개인 방을 따로 만들어 자신의 친구들만 초대하고 싶다면 [방 만들기], 그냥 아무 곳이나 다른 맵으로 이동하고 싶다면 [랜덤 방 이동], 원하는 메뉴를 골라 주세요.

⑦ 방향키

왼쪽 엄지손가락을 위에 올린 상태에서 위, 아래, 왼쪽, 오른쪽 원하는 방향으로 밀면 캐릭터가 그쪽으로 움직여요. 지금 보이는 배경을 돌려 다른 방향을 보고 싶다면 오른쪽 손가락을 배경 화면에 대고 원하는 방향으로 밀어 보세요. 화면을 360º로 돌리며 다른 다양한 각도에서 배경을 볼 수 있어요. 엄지손가락과 검지손가락으로 화면을 확대하거나 축소해 더 멀리 보거나 가까이에서 볼 수도 있어요.

❽ 화면 전환

화면을 세로 모드 또는 가로 모드로 전환 할 수 있어요.

❾ 마이크

음성으로 친구와 이야기를 나눌 수도 있어요. 음성을 사용하려면 설정에서 [음성 듣기]가 켜져 있어야 해요.

❿ 배낭

자신이 가지고 있는 아이템 중에서 월드에서 사용할 수 있는 아이템을 확인할 수 있어요.

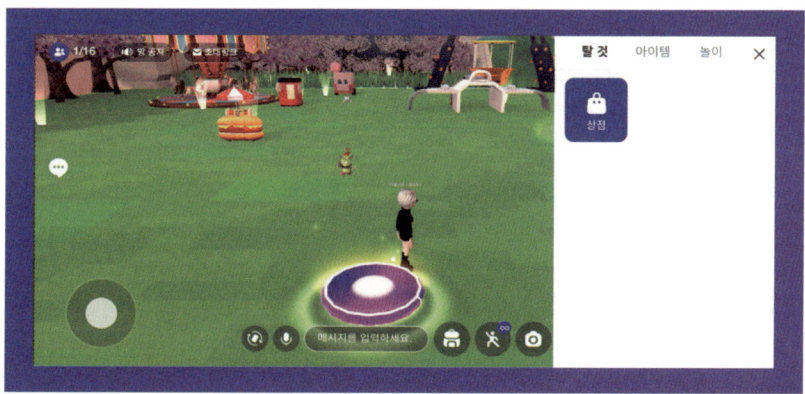

⓫ 포즈

캐릭터에게 다양한 제스쳐나 포즈를 취하게 하여 이미지나 영상을 촬영할 수 있어요. 하단에 동그라미 2개가 붙어 있는 모양을 켜 두면 제스쳐를 계속 반복해요. 움직이기 시작하면 제스쳐가 풀려요.

친구들과 제스쳐로 인사도 하고 춤을 출 수도 있어요.

⑫ 카메라

이미지나 영상을 촬영할 수 있어요. 배경을 없애고 촬영하거나 셀카 모드로 촬영할 수 있어요. 배경을 없애는 기능은 숨바꼭질할 때 찾지 못하는 친구를 쉽게 찾을 수 있어요. 배경은 사라져도 캐릭터는 보이거든요. 너무 자주 사용하면 숨바꼭질이 재미도 없어지고, 걸리면 미움 받을 수 있어요. 셀카 모드에서 손가락으로 배경을 돌려 방향을 조절하거나 위, 아래 각도를 조절해 보세요. 같은 장소에서도 다양한 연출이 가능해요. 셀카 모드에서 방향키로 천천히 이동도 가능해요.

🔴 점프키

장애물을 만나 앞으로 나아 갈 수 없을 때 점프키와 방향키를 사용해 장애물을 뛰어넘어 보세요.

🔴 즐겨찾기 슬롯

`즐겨찾기 1` 자주 사용하는 제스쳐나 포즈를 8개까지 저장해 바로바로 사용할 수 있어요.

🔵 저장한 것을 변경하고 싶을 때는 변경 화면이 나올 때까지 저장된 동그라미를 길게 눌러 주세요.

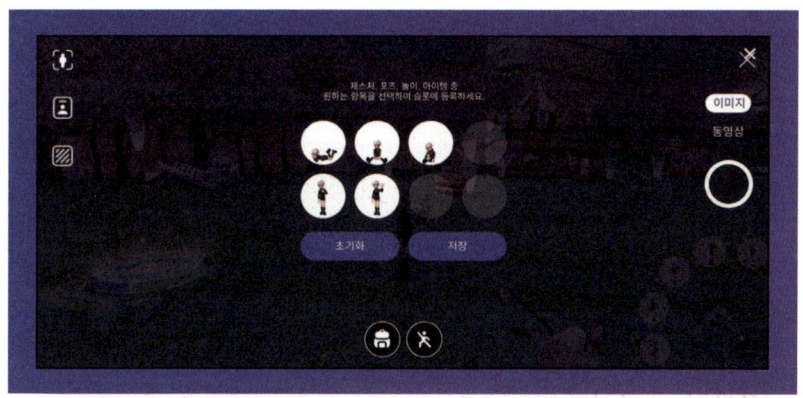

② 비어 있는 동그라미나 변경하고 싶은 것을 눌러 저장할 곳을 정해 주세요. 배낭과 포즈 중에서 원하는 것을 골라 저장할 수 있어요.

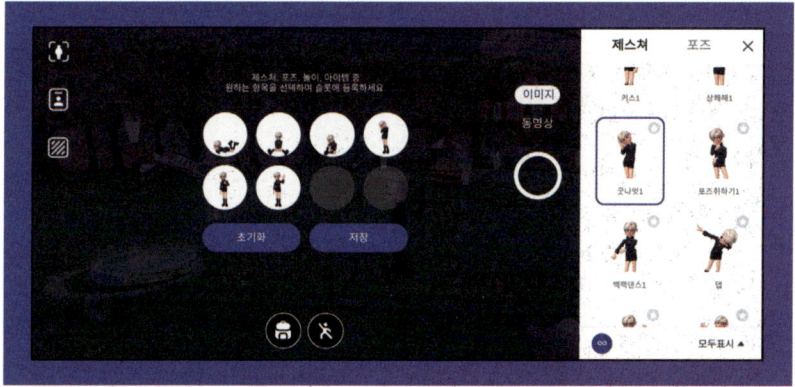

❸ 저장한 것 중에서 삭제하고 싶은 것이 있다면 길게 누르고 있으면 x자 모양이 나타나요.

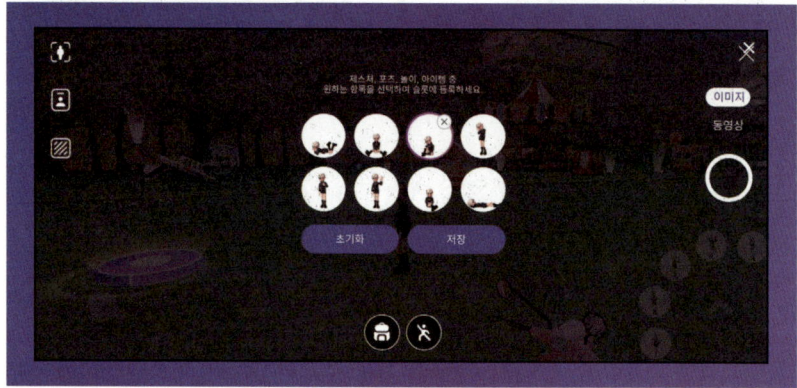

❹ x자를 눌러 삭제해 주세요.

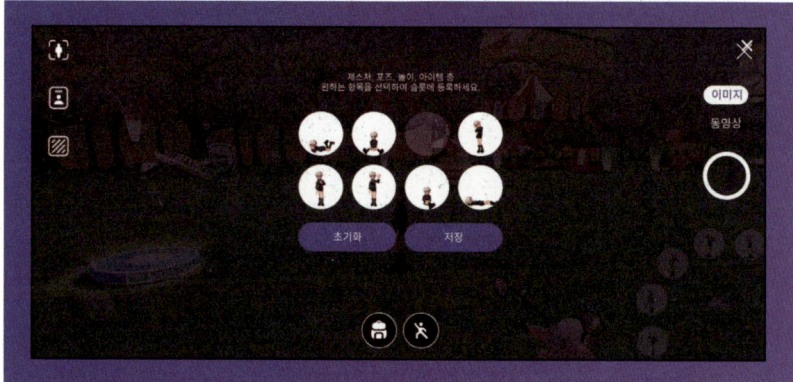

이제 맵 여기저기를 맘껏 구경하며 이미지와 영상을 촬영할 수 있겠죠. 마지막으로 맵에서 자주 볼 수 있는 흰색 반투명 모양에 대해 알려 드릴게요.

즐겨찾기 2 그림에 나와 있는 것은 렌트카를 하는 곳이에요. "+" 모양을 손가락으로 터치하면 메뉴가 나타나요.

원하는 차를 정하고 대여를 눌러 주세요. 무료로 렌트카를 사용할 수 있어요!

즐겨찾기 3 이번엔 웰컴 팻말이네요. "+" 모양을 손가락으로 터치하면 이번엔 손에 풍선이 생겼어요.

제페토 월드를 여행하다가 흰색 반투명 모양이 보이면 일단 한 번 눌러 보세요. 어떤 아이템이 나타날지 몰라요. 같은 장소에서도 다시 눌러보면 다른 색깔로 변하거나 다른 아이템으로 변경돼요. 월드에서 손에 아이템을 들면 오른쪽으로 손 모양 메뉴가 나타나요. 아이템을 손에서 내려놓고 싶으면 손 모양을 누르세요. 손에 들고 다니던 아이템은 제페토 월드에서 나오면 사라져요.

MZ세대 친구들과 소통을 위한 제페토 용어 정리

합작	같이 작품을 만드는 것
참완	참여 완료
반모	반말 모드
강반	강제로 반말 모드
팔정	팔로우 정리
맞팔	서로 팔로우

맞할	서로 게시물 하트
선교	선물 교환
코선	코인 선물
릴칭	리터칭
막태	허락 받지 않고 막 태그하는 것
불소	불같은 소통 (불같이 열심히 소통하겠다는 뜻)
현질	현찰 + 질 (유료 아이템을 돈을 주고 사는 것)
젶메	제페토 메세지
확완	확인 완료
반박	반모 박탈
팔취	팔로우 취소
지뺏	지인 빼기

임팔	이미 팔로우 했음
올할	모든 게시물에 하트 눌렀음
젬선	가격이 젬인 선물
위시	위시 리스트
젶드	제페토 드라마
도촬	허락없이 캐릭터 사진을 찍는 것
댈컴	대리 커스텀 (캐릭터를 대신 커스텀 해주는 것)
대현	대리 현질 (남이 대신 유료 아이템을 사주는 것)

 MZ세대 친구들이 사용하는 용어를 살펴보면 메타버스라는 새로운 세계에서 그들만의 룰과 매너를 만들어 가고 있다는 것을 알 수 있어요. 제페토 월드에서 MZ세대 친구들과 원활한 소통을 원한

다면 그들의 룰과 매너를 지켜야 한다는 사실 잊지 마세요. 월드에서 이상한 사람을 만났을 땐 차단하거나 신고할 수 있어요. 자세한 내용은 Q&A를 참고해 주세요.

Part 3 내 캐릭터 어떻게 활용할까?

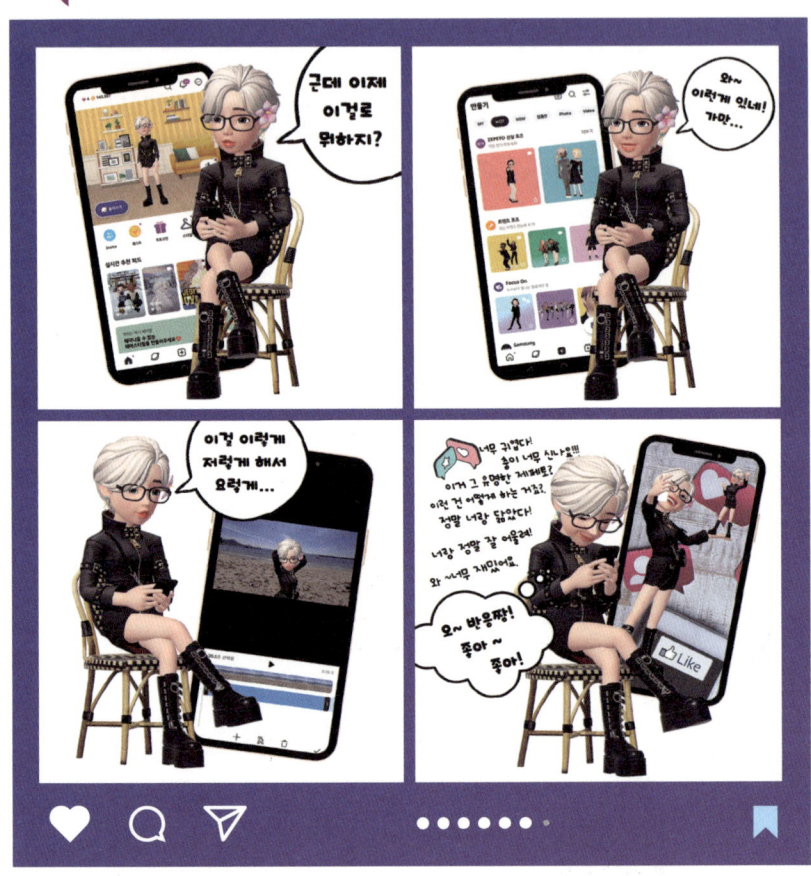

Chapter 9 만들기

앞으로 우리가 제일 많이 사용하게 될 만들기에 대해 알아볼게요.

[만들기]에서는 이미지와 영상을 만들 수 있는 다양한 포즈와 동작이 준비되어 있어요. [홈]화면에서 하단 중앙에 있는 [+]를 버튼을 누르면 [만들기] 화면으로 이동해요. 빨간색 밑줄 [더 보기]를 누르면 신상 포즈부터 차례대로 포즈가 나타나요. 자주 사용하는 포즈를 포즈 오른쪽 하단에 ☆을 누르면 왼쪽 상단 [MY]에 저장해 두었다가 편리하게 사용할 수 있어요.

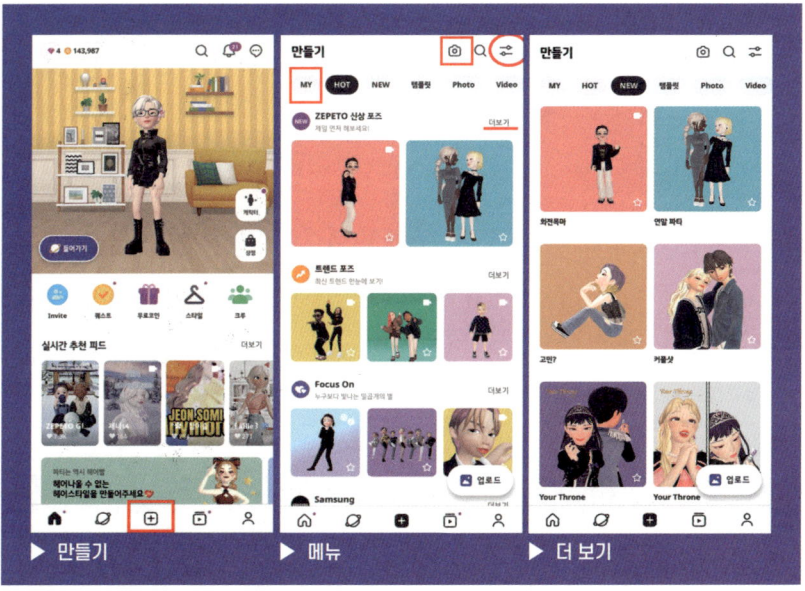

이제 만들기 화면을 간단히 살펴볼까요? 오른쪽 상단에 빨간색

네모로 표시된 카메라 모양은 홈에 있는 [카메라]와 동일한 메뉴예요. 그럼 오른쪽 빨간색 동그라미로 표시된 부분은 뭘까요? 바로 원하는 포즈와 동작을 찾기 쉽게 검색할 수 있는 [필터]예요.

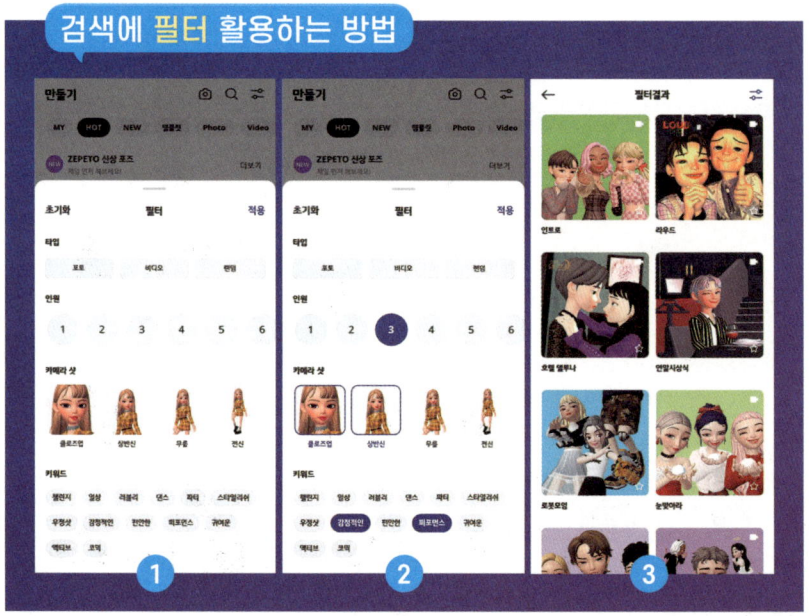

① 등장인물 인원, 카메라 샷, 키워드로 원하는 포즈와 동작만 찾아볼 수 있어요.

❷ 각각의 메뉴에서 1개 이상 메뉴를 고를 수 있어요. 물론 필요하지 않은 메뉴는 고르지 않을 수도 있죠.

❸ 원하는 메뉴를 고르고 검색을 누르면 검색한 동작과 포즈가 나오고 상단에 필터된 포즈와 동작만 나타나요. 쉽게 원하는 포즈와 동작을 찾을 수 있으니 활용해 보세요!

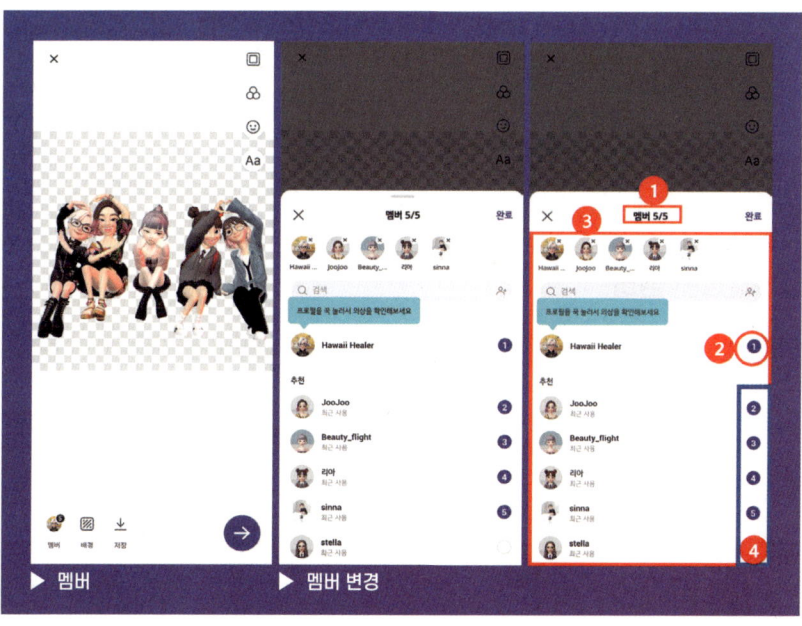

자, 다음은 원하는 포즈를 정해서 이미지를 저장하는 방법을 알

아볼까요?

　원하는 포즈를 정하면 내 캐릭터와 추천 멤버들이 포즈를 취하고 있는 모습이 나타나요. 왼쪽 하단에 [멤버]를 눌러 주세요. 내가 원하는 멤버로 멤버를 변경하는 메뉴를 살펴 볼게요.

❶ 멤버

포즈에 필요한 인원수와 지금 설정된 인원수를 보여줘요. (5/5) 에서 앞에 숫자가 필요한 인원수, 뒤에 있는 숫자가 지금까지 설정된 인원수예요.

❷ 설정된 멤버

현재 설정된 멤버들을 보여줘요. 원하지 않는 멤버를 터치하면 해제되요. 중간에 있는 멤버를 해제하면 순서가 앞으로 당겨져 자동으로 변경돼요.

❸ 설정된 멤버 순서

추천 멤버가 자동으로 포즈를 취하도록 설정되어 있어요. 보라색 동그라미 안에 번호가 포즈를 취하는 멤버 순서예요. 항상 내 캐릭터가 1번이지만 설정을 해제하고 순서를 재배치할 수 있어요. 보라색 동그라미를 터치하면 설정이 해제돼요. 앞 번호에 순서를 먼저 해제하면 순서가 자동으로 앞으로 당겨져요.

④ 멤버 재설정

① 내 캐릭터만 남기고 멤버 해제, 멤버 순서 재배치나 멤버를 변경할 때는 뒷번호부터 차례대로 해제한 후 재설정해 주세요. 포즈 순서는 왼쪽에서부터 1번이에요. 필요한 멤버가 5명인 경우, 중앙에서 포즈를 취하는 멤버는 3번이죠.

② 추천 멤버를 해제하고 아래쪽에 표시된 다른 팔로잉 멤버들 중에서 원하는 멤버를 고를 수 있어요. 모든 멤버가 정해졌다면 오른쪽에 있는 [완료]을 눌러 주세요.

③ 결과물 순서나 멤버가 맘에 들지 않은 때는 다시 왼쪽 하단 [멤버]를 눌러 변경할 수 있어요. 여기서 주의해야 할 것은 뒷번호부터 해제해야 해요. 중간에서 해제하면 자동으로 순서가 앞으로 당겨져

요. 한마디로 순서가 뒤죽박죽이 되어 버려요. 멤버를 변경하거나 순서를 바꾸고 싶다면 항상 뒷번호부터 해제해 주세요.

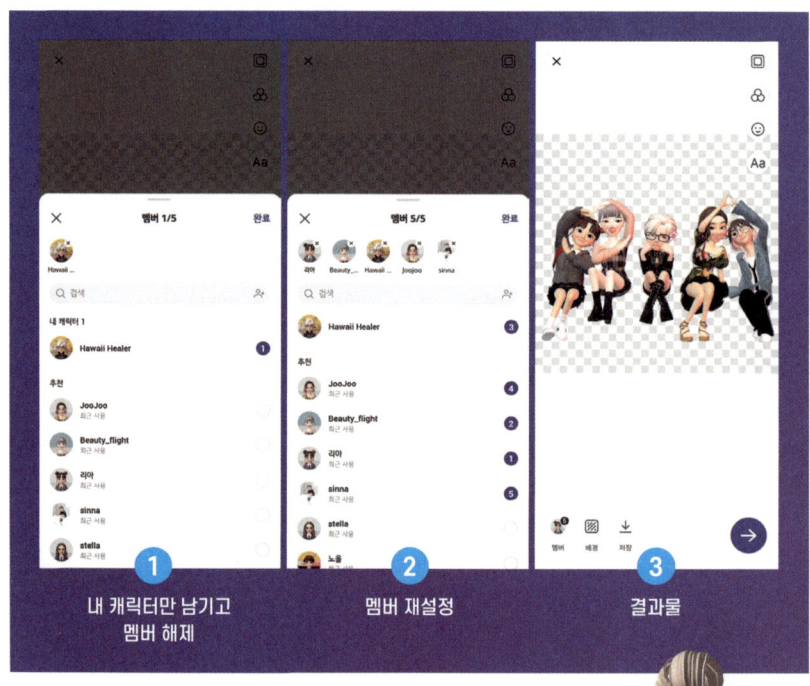

자, 이제 [멤버]를 제외한

다른 메뉴들을 살펴볼까요?

멤버를 제외한 다른 메뉴

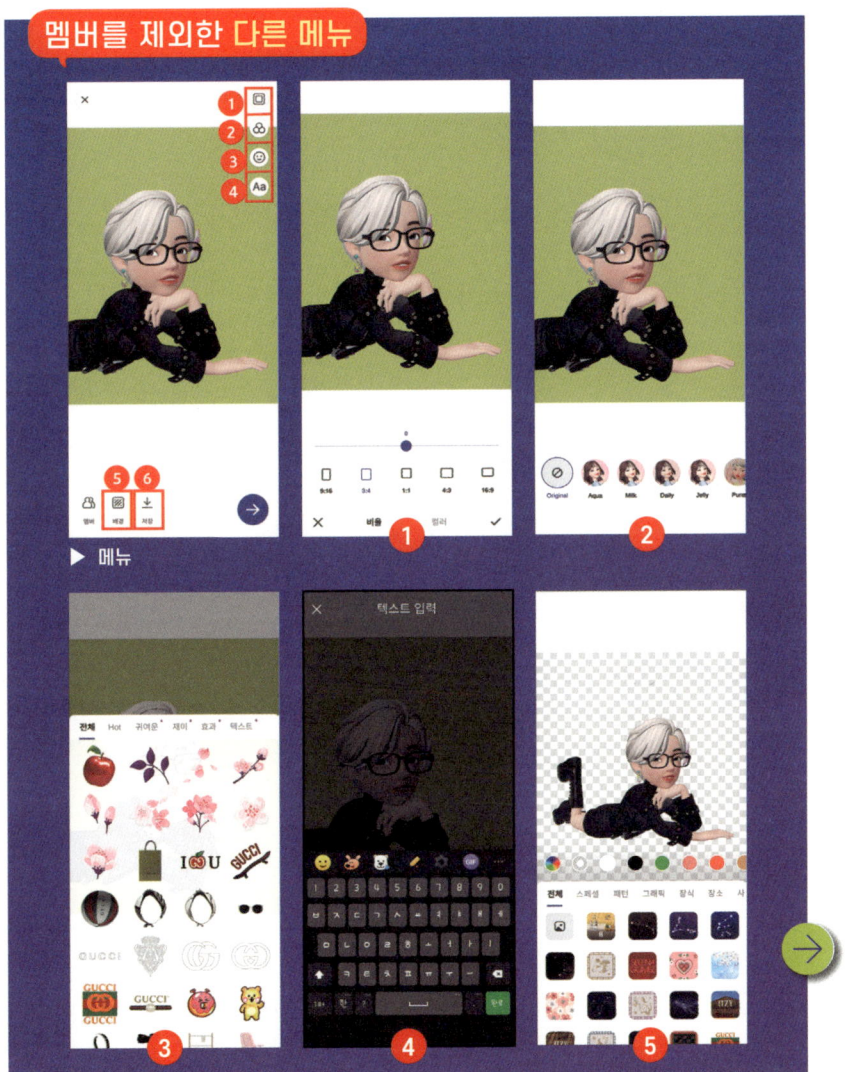

▶ 메뉴

① 비율

비율을 원하는 비율로 변경할 수 있어요.

② 필터

필터를 추가해 색다른 연출이 가능해요.

③ 스티커

스티커를 추가에 원하는 스타일로 꾸밀 수 있어요.

④ 텍스트

원하는 텍스트를 추가할 수 있어요.

⑤ 배경

배경을 변경하거나 배경색을 바꿀 수 있어요.

⑥ 저장

자신의 스마트폰 사진첩에 이미지를 저장해요.

마지막으로 오른쪽 하단에 있는 화살표 모양은 내 피드에 방금 만든 이미지나 영상을 올려 공유하는 버튼이에요. 저는 여기서 바로 올리지 않고 일단 이미지나 영상을 저장한 다음, 다른 앱들을 사용해 예쁘게 편집해서 사용해요. 제가 사용하는 앱과 사용법은 파트4에서 알려 드릴게요. 기대해 주세요!

이미지를 저장하거나 수정하는 방법

① 화면 캐릭터에 손가락을 대고 움직이면 캐릭터를 원하는 곳으로

옮길 수 있어요. 캐릭터 크기도 엄지와 검지 손가락으로 늘였다 줄였다 할 수 있죠. 그림에서는 절반만 보이던 캐릭터 전체 모습이 보이죠. 이제 다른 앱에서 수정하기 편하게 배경 없이 저장할게요.

❷ [배경]을 누르고 빨간색 동그라미로 표시된 부분을 누르면 배경이 사라져요. 이제 배경 메뉴를 캐릭터가 있는 부분을 터치해 닫아 주세요. 이 상태에서 [저장]을 눌러 이미지를 저장하세요. 저장이 끝나면 왼쪽 상단에 있는 "X"를 누르세요.

❸ "게시물을 삭제할까요?"라는 창이 나타나면 피드에 올리지 않았다는 뜻이니 그냥 [확인]을 눌러 주세요.

다음은 제페토에서 **영상을 저장하거나 수정하는 방법**을 알아볼게요.

영상을 저장하거나 수정하는 방법

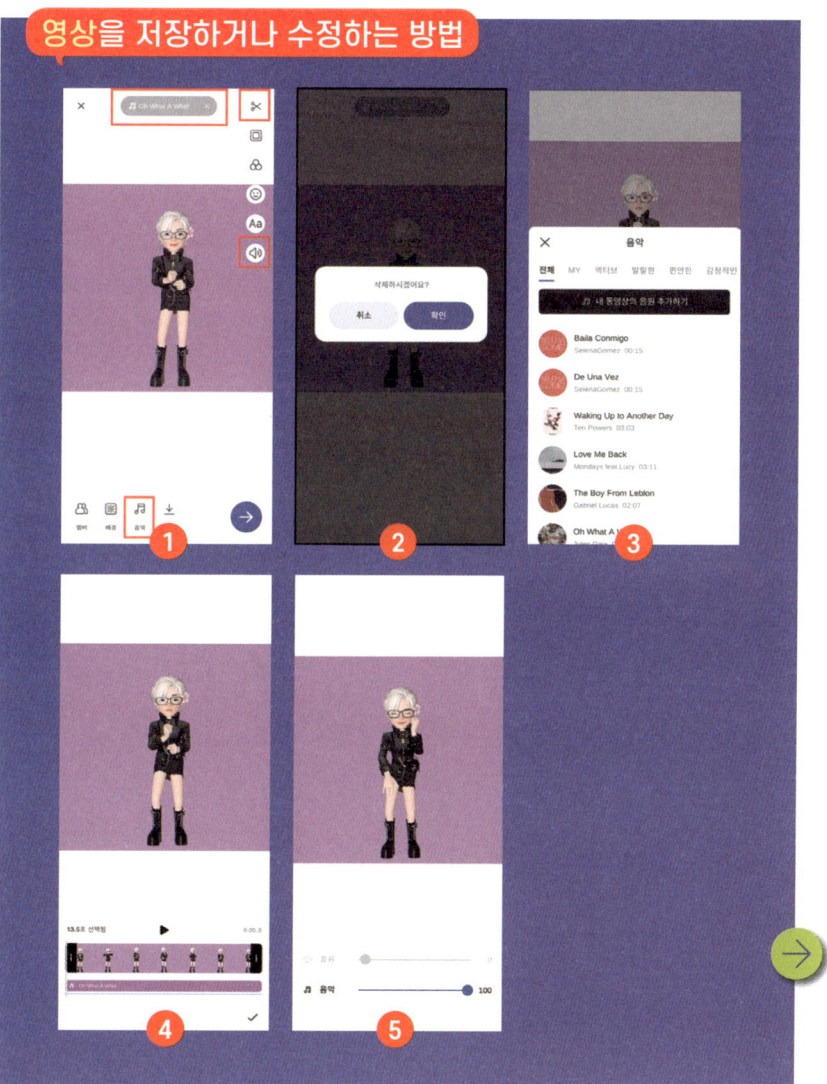

❶ 이미지에선 없었던 메뉴들이 나타났네요. 먼저 상단 중앙에 길게 보이는 건 음악이에요. 영상에 음악이 포함된 경우 나타나죠.

❷ 음악이 맘에 들지 않을 때는 음악 옆에 "X"를 눌러 삭제할 수 있어요.

❸ 하단에 [음악]을 눌러 제페토에서 무료로 사용할 수 있는 다른 음악으로 변경할 수도 있어요. 음악이 없었던 영상에 음악을 추가하는 것도 물론 가능해요.

❹ 오른쪽 상단에 있는 가위 모양은 영상에 앞뒤 부분을 검은색 바를 움직여 필요한 부분만 저장할 수 있어요.

❺ 마지막으로 오른쪽 하단에 스피커 모양은 소리의 볼륨을 조절할 수 있어요.

영상은 배경을 없애면 배경이 검은색으로 저장되어 수정할 수 없어요. 그래서 보통 영상을 영상 앱으로 편집하고 싶을 때는 배경색을 밝은 녹색이나 파란색으로 저장해요. 만약 캐릭터가 녹색이나 파란색이 들어간 옷을 입고 있을 때는 최대한 겹치지 않는 색으로 변경해 주세요. 저는 밝은 녹색보다는 파란색이 편집할 때 깔끔하게 사라져 개인적으로 파란색을 주로 사용하고 있어요.

영상 배경을 처음부터 원하는 배경으로 변경할 수도 있어요. 제 페토에 있는 배경 중에서 고를 수도 있고, 내 스마트폰에 저장된 사진을 사용할 수도 있죠.

손가락을 화면 위에 올린 상태에서 이동해 캐릭터를 원하는 위치

로 옮기거나, 엄지와 검지로 크기를 변경해 배경에 맞게 연출할 수 있어요.

이번엔 오른쪽 하단에 있는 [업로드]로 내 스마트폰에 저장된 이미지나 영상을 불러와 제페토에서 포즈나 동작을 추가하고 편집하는 방법을 알아 볼까요?

내 스마트폰 갤러리에서 편집할 이미지나 동영상을 불러 오면 다양한 포즈와 캐릭터를 여러 개 추가해 멋지게 편집할 수 있어요. 이 기능은 다음에 배울 카메라 활용의 [앨범]과 동일한 기능이지만 [만들기]에서 저장한 영상에 캐릭터를 더 추가하고 싶을 때 활용할 수도 있어요.

❶ [업로드]를 터치하면 [이미지]와 [동영상], [취소] 중에서 선택하는 창이 나타나요. 원하는 메뉴를 선택해 주세요.

❷ 스마트폰 갤러리에서 [이미지]를 선택했다면 이미지 파일, [동영상]을 선택했다면 동영상 파일이 있는 앨범만 표시돼요. 원하는 앨범

을 골라 편집하고 싶은 파일을 선택해 주세요.

③ 저는 제페토에서 저장한 영상을 선택했어요. 이제 여기서 [캐릭터]를 눌러 캐릭터를 추가할 거예요.

④ 추가하고 싶은 포즈나 동작을 눌러 캐릭터를 추가하세요.

⑤ 캐릭터가 나타나면 원하는 크기와 위치로 캐릭터를 조절해 주세요. 하단에 나타난 영상 길이에 맞춰 캐릭터가 등장하거나 사라질 길이도 조절해 주세요.

⑥ 캐릭터를 더 추가할 수도 있어요. 같은 포즈나 동작 또는 다른 포즈나 동작도 추가할 수 있죠.

⑦ 원하는 크기도 조절하고 위치도 이동해 주세요. 물론 등장하거나 사라질 길이도 조절해 줘야죠.

⑧ 앞에서 배웠죠. 오른쪽 상단에 있는 메뉴에서 [스티커]를 눌러 스티커를 추가할게요.

⑨ 추가한 스티커의 위치와 크기를 조절하고 길이를 변경해 주세요.

⑩ 모두 원하는 곳에서 잘 나오는지 하단 중에서 [플레이]를 눌러 확인이 끝나면 오른쪽 하단에 있는 [체크]를 눌러 메뉴를 닫아 주세요.

⑪ 편집이 완료 되었다면 하단에 있는 [저장] 눌러 스마트폰에 저장하거나 동그라미 안에 화살표가 있는 버튼을 눌러 피드에 올려 공유해 주세요.

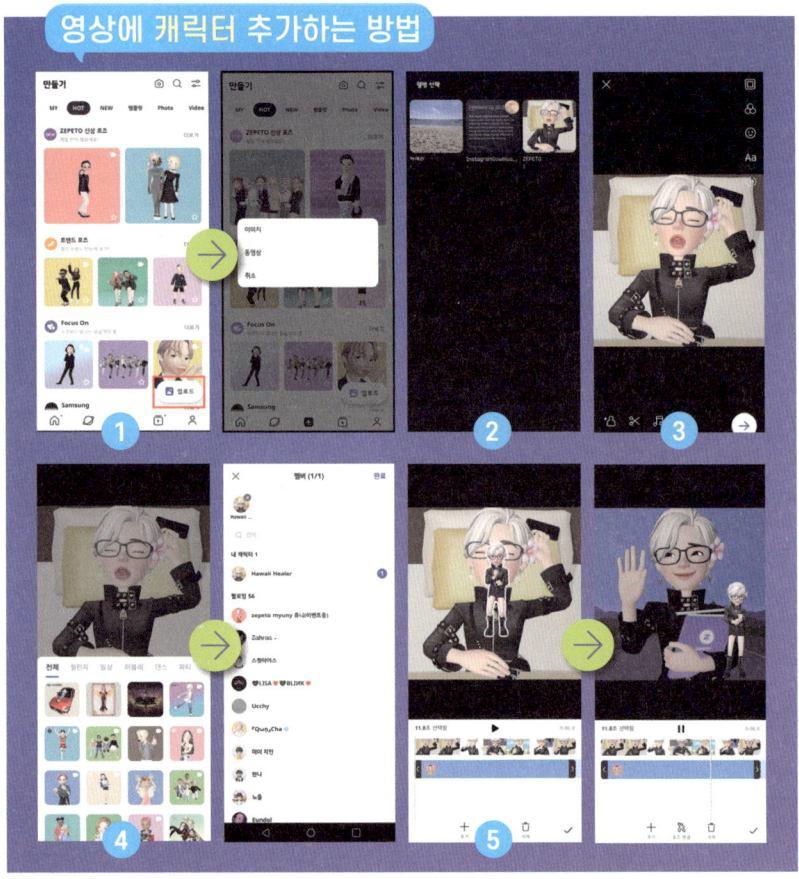

영상에 캐릭터 추가하는 방법

Chapter 10 웹툰 만들기

제페토에서는 그림을 못 그려도 제페토 캐릭터를 사용해 멋진 웹툰을 만들 수 있는 [툰]이라는 메뉴가 있어요. 그럼 제페토에서 웹

툰을 어떻게 만드는지 살펴볼까요? 홈에서 [플레이]를 누르면 [툰] 메뉴가 보여요.

① 말풍선

다양한 말풍선 모양이 준비되어 있어요. 원하는 모양을 선택하고 "문구를 입력하세요."를 터치해 문구를 입력해 보세요. 작성이 끝났다면 오른쪽 상단에 있는 초록색 버튼을 눌러 주세요. 화면에서 이전 화면으로 돌아가려면 화면 왼쪽 상단에 있는 [취소]를 눌러 주세요. 스마트폰 [뒤로가기]를 누르면 절대 안 돼요! [툰] 화면에서 [만들기] 화면으로 돌아가 버려요. 지금까지 만든 것이 저장되지 않고 사라져 버리죠.

② 스티커

툰을 만들 때 사용할 수 있는 스티커들이 모여 있어요. 화면을 닫고 싶다면 화면 왼쪽 상단에 있는 [X]를 눌러 주세요. 여기서도 스마트폰 [뒤로가기] 누르면 안 돼요.

❸ 배경 스티커

전체 그림을 한 장면으로 꾸미고 싶을 때, 극적인 효과를 주고 싶다면 배경 스티커를 활용해 보는 것도 좋겠죠. 메뉴를 닫고 싶을 때는 화면 왼쪽 상단에 있는 [X]를 눌러 주세요.

❹ 배경

① 단색 배경, 학교, 판타지, 집, 여행 등 테마에 따라 다양한 장소에 배경들이 준비되어 있어요. 여기선 배경 고르기 화면을 닫고 싶다면 [완료]를 눌러 주세요. 배경을 지우고 싶으면 중앙 상단에 있는 동그라미를 누르면 화면이 사라져요. 여기서는 메뉴를 닫는다고 [X]를 누르면 안 돼요! 선택 상자가 나오거든요.

② "이 화면 나가기"는 [만들기] 화면으로 돌아가 버려요.

❸ "툰 보러가기"는 다른 사람들이 만들어 놓은 웹툰을 볼 수 있어요. 어느쪽이든 지금까지 만든 것들이 날아가 버려요.

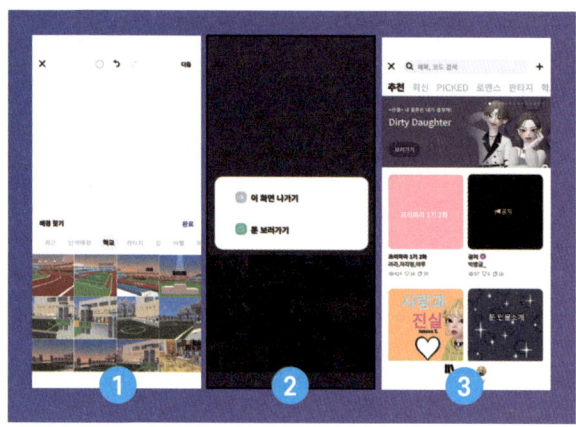

❺ **캐릭터 추가**

기본적으로 내 캐릭터를 포함해 바로 사용할 수 있는 4명의 캐릭터가 있어요. 더 많은 캐릭터를 사용하고 싶다면 친구들 캐릭터를 소환해 활용해 보세요. 메뉴를 그냥 닫을 때는 왼쪽 상단에 있는 [X]를 눌러 주세요.

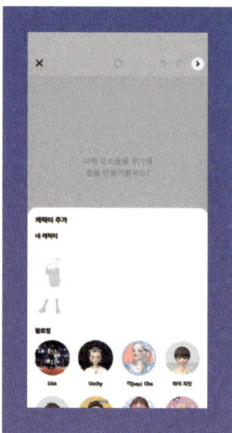

자, 그럼 툰 장면을 하나 만들어 볼까요?

❶ 원하는 배경을 정하고, 캐릭터를 눌러 포즈를 선택해요.

❷ 캐릭터를 손가락으로 터치하면 캐릭터를 원하는 위치에 이동할 수 있어요. 캐릭터의 각도와 크기를 조절하거나 삭제할 수도 있죠.

❸ 이제 말풍선을 넣어 볼까요? 말풍선을 선택하고 말풍선을 터치해 문구를 썼다면 오른쪽 상단에 있는 초록색 버튼을 눌러 주세요.

❹ 말풍선도 캐릭터와 똑같이 각도와 크기, 위치를 조절 할 수 있어요.

❺ 화면 상단에 빨간색 네모로 표시된 부분은 [되돌리기]예요. 추가한 것이 맘에 들지 않을 때 사용해 보세요. 자, 이제 다 만들었다면 화면 왼쪽에 빨간색 동그라미로 표시된 부분을 눌러 주세요. 완성된 모습이 보이고 [공개하기]를 눌러 주세요.

❻ "공개하기"라고 되어 있지만 바로 공개되는 건 아니고 자신의 툰에 [컷]으로 저장돼요. 만든 컷을 친구들과 공유하고 싶다면 오른쪽 상단에 빨간색 동그라미로 표시된 부분을 누르고 공유 방법을 선

택해 주세요.

➐ 컷을 충분히 만들었다면 이제 툰으로 엮어 공개해 볼까요? 빨간색 동그라미로 표시된 [툰]을 눌러 주세요.

➑ [툰 만들기]를 누르면 저장된 컷들이 나타나요.

➒ 이제 원하는 순서대로 컷을 정해 주세요.

➓ 순서가 정해졌다면 오른쪽 상단에 있는 [다음]을 눌러 주세요. 툰 제목을 입력하고 하단에 [공개하기]를 누르면 자신의 툰을 다른 제페토 사용자들에게 공개돼요. 아직 공개하고 싶지 않다면 [숨기기 설정]에 스위치를 켜 주세요.

제페토 [툰]에 저장된 이미지는 **링크를 통해 공유할 수는 있지만,** 다른 SNS에 올리거나 별도로 스마트폰에 저장할 수는 없어요.

툰 장면 만들기

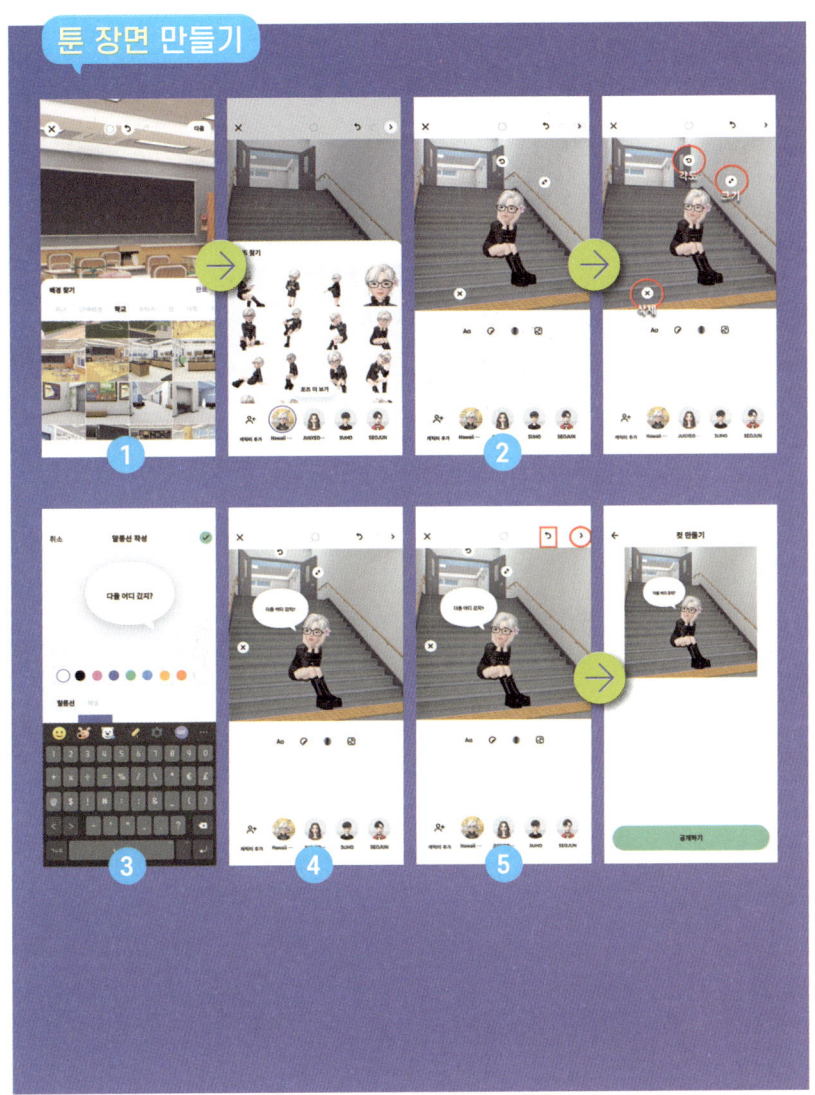

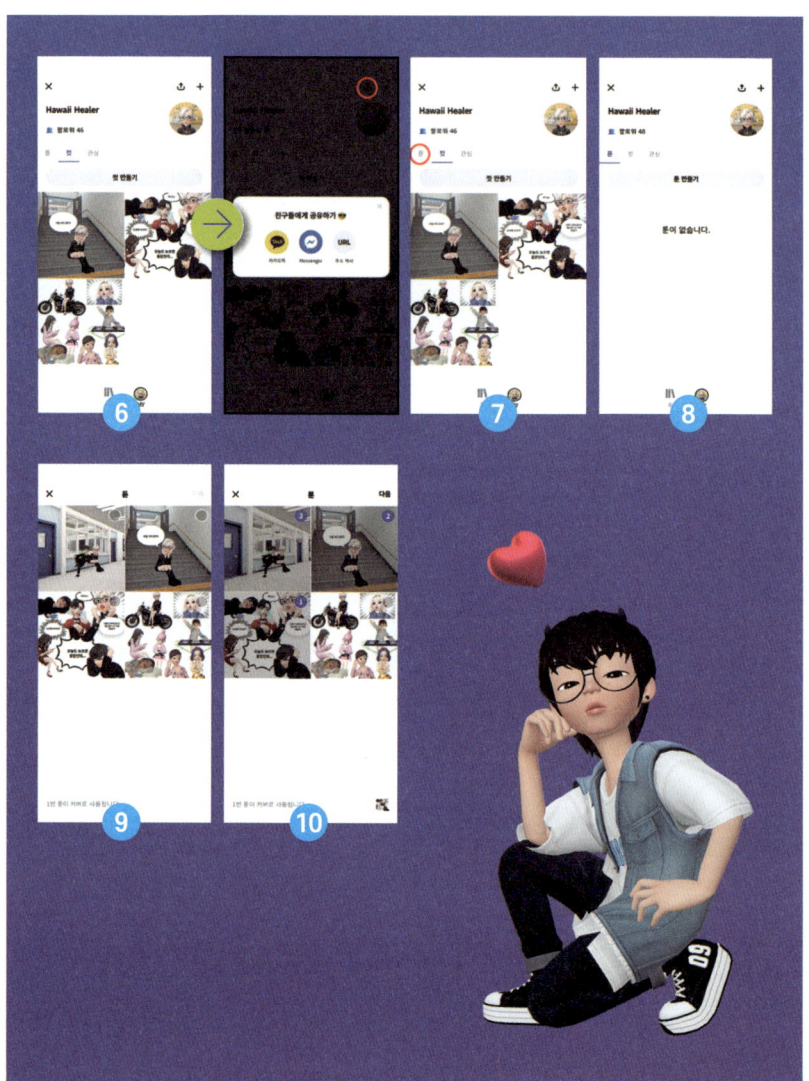

Chapter 11 카메라 기능 활용

 이번엔 카메라 기능을 활용해 다양한 이미지와 영상을 만드는 방법을 알아볼게요.

[홈]에서 [카메라]를 눌러 주세요.

카메라 메뉴를 살펴볼까요? 처음 시작되는 화면은 [룸] 화면이에요. [룸] 화면에 있는 메뉴들을 알아보고 [액션], [일반], [AR] 순서로 설명해 드릴게요.

① 앨범

[만들기]에서 [내 앨범]과 동일한 기능이지만 사용법을 간단히 한

번 더 살펴 볼게요.

① 스마트폰 앨범에서 이미지나 동영상을 불러와 편집할 수 있어요.

② 파일을 가져올 장소를 선택해 원하는 이미지나 동영상을 불러오세요.

③ 파일을 불러왔다면 편집을 시작하기 전, 오른쪽 상단에 빨간색으로 표시된 부분을 눌러 원하는 크기로 이미지나 영상의 비율을 변경해 주세요.

④ 이번엔 하단 맨 왼쪽에 있는 [캐릭터]를 눌러 원하는 포즈나 동작을 선택, 멤버를 선택해 주세요.

⑤ 캐릭터가 나타났다면 캐릭터의 크기와 위치를 손가락을 이용해 조절해 주세요.

⑥ 배경 영상과 캐릭터 동작의 길이를 조절해 주세요. 배경 영상을 터치하여 영상 길이를 조절하거나, 캐릭터를 터치해 동작의 길이를 조절할 수 있겠죠. 영상 앞뒤로 있는 검은색 화살표 모양에 손가락을 올리고 좌우로 움직여 조절해 주세요. [추가]를 눌러 동작이 끝나는 지점에 다른 동작을 연결할 수도 있어요.

❼ 캐릭터 크기를 키워 캐릭터가 가까이 있는 것처럼 연출할 수도 있고 [추가]를 눌러 다른 동작이나 친구 캐릭터를 불러올 수도 있어요.

❽ 동작의 길이와 캐릭터가 등장할 시간, 크기와 위치를 조절해 주세요.

❾ 캐릭터를 지우고 싶다면 지울 캐릭터를 선택한 상태에서 아래 [삭제]를 눌러 주세요. "삭제하시겠어요?"가 나오면 [확인]을 눌러 삭제할 수 있어요.

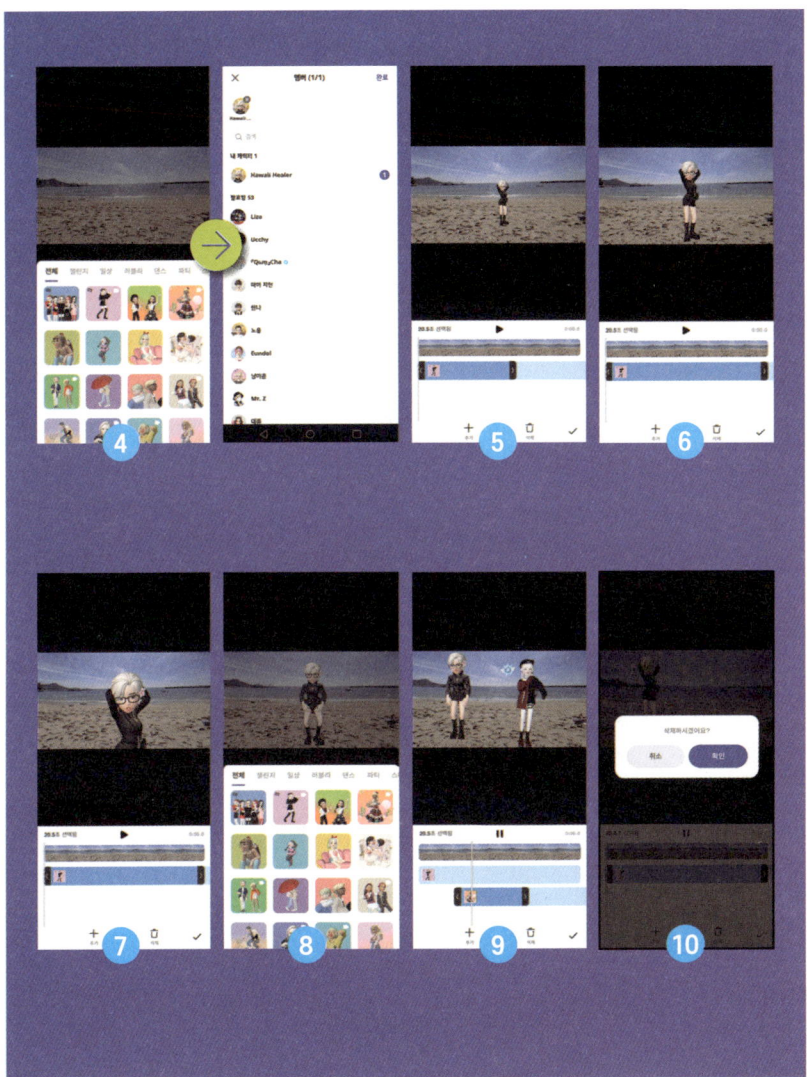

② 캐릭터

① 룸에 있는 기본 캐릭터를 삭제할 수 있어요. 캐릭터 위에 손가락을 올리고 중앙 아래로 끌고 내려오면 휴지통이 나타나요. 휴지통이 선택될 때까지 끌고 내려 주면 됩니다.

② 원하는 동작이나 포즈의 캐릭터를 새로 불러올 수 있어요. 기존에 있던 캐릭터를 삭제하지 않고 다른 캐릭터를 불러올 수도 있죠. 여러 명의 캐릭터를 활용해 이미지나 영상 촬영도 가능해요.

❸ 배경

❶ 배경을 원하는 배경으로 변경할 수 있어요.

❷ 영상으로 저장하여 영상 편집 앱에서 합성하고 싶다면 배경색을 옷 색상과 다른 단색으로 변경해 주세요. 보통은 파란색과 밝은 녹색을 주로 사용해요.

❸ [동영상] 모드에서 중앙에 빨간색 동그라미를 누르면 녹화가 시작돼요. 동그라미 주변으로 흰색 테두리로 표시되는 것이 녹화되고 있다는 표시예요. 녹화를 끝내려면 다시 동그라미를 한 번 살짝 터치해 주세요. 녹화 최대 시간은 1분이에요. 1분이 넘으면 자동으로 녹화가 완료되죠.

❹ 녹화가 완료되면 영상을 편집하거나 저장할 수 있는 메뉴가 나타나요. 아래쪽에 있는 [저장]을 누르면 스마트폰에 저장돼요. 오른쪽 화살표를 누르면 피드에 올라가지만 보통은 그냥 저장해서 영상을 만들 때 사용해요.

❺ 배경 없이 이미지를 촬영해 저장하여 사용할 수도 있어요. 동영상은 배경 없이 저장할 수 없지만, 이미지는 가능하거든요. 빨간색

동그라미로 표시된 부분을 선택해 배경을 없애 주세요.

❻ 이미지를 촬영할 때는 [사진]이라고 쓰여진 글씨를 터치해 사진 모드로 변경해 주세요. 중앙에 동그라미를 가볍게 누르면 촬영할 수 있어요. 움직이는 동작을 사진 찍듯이 원하는 포즈가 나타나는 순간을 포착해 보세요. 캐릭터의 크기를 엄지와 검지를 이용해 조절할 수 있어요.

❼ 왼쪽 손가락으로 캐릭터의 머리를 고정하고, 오른쪽 손가락을 다리 쪽에 대고 오른쪽에서 왼쪽으로 밀면서 캐릭터의 각도를 360º 조절할 수 있어요. 다양한 각도의 이미지를 포착해 보세요.

❽ 원하는 이미지를 포착했다면 아래쪽에 있는 [저장]을 눌러 이미지를 저장해 주세요. 배경이 없는 이미지는 스티커처럼 다양하게 활용할 수 있어요.

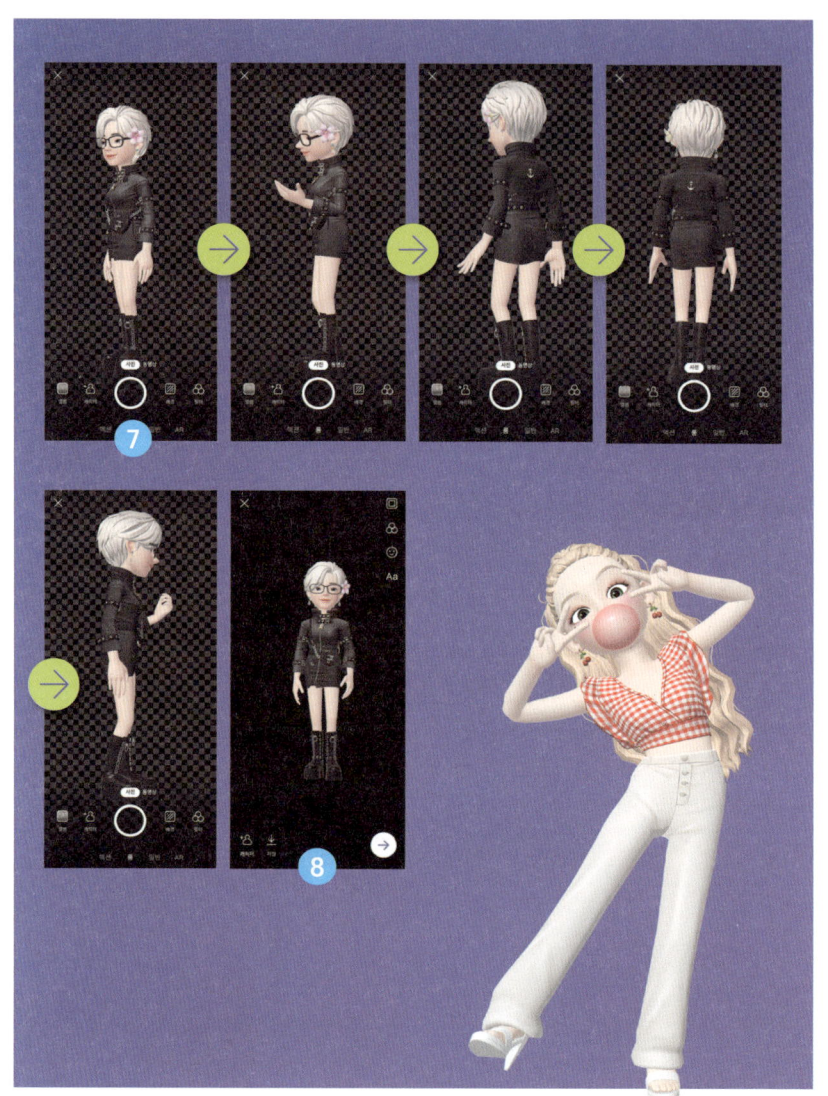

❹ 필터

필터를 이용해 다양한 느낌을 연출할 수 있어요. 제페토에 직접 올릴 피드를 만들 때 활용해 보면 좋겠죠.

다음은 [액션]에 대해 알아볼까요? [액션]을 누르면 파란색 배경에 캐릭터의 상반신 모습이 나타나요.

❶ 카메라가 표정을 인식해 캐릭터가 얼굴 표정을 따라 해요.

❷ 전신 모습을 원한다면 오른쪽 상단에 돋보기 모양을 누르거나, 엄지와 검지를 이용해 크기를 조절할 수 있어요.

❸ [제스쳐]에서 원하는 포즈나 동작을 골라 다양하게 표현할 수 있어요.

❹ 립싱크 된 영상을 만들고 싶을 때 활용해 보세요!

이제 [일반]을 살펴볼까요? [일반]을 누르고 카메라로 자신의 얼굴

을 비추면 캐릭터 얼굴이 마치 탈을 쓴 것처럼 나타나요.

① [액션]보다 좀 더 자연스럽게 표정을 따라 해요.

② [캐릭터]를 눌러 원하는 포즈나 동작의 캐릭터를 불러와 함께 할 수도 있어요. 물론 크기와 위치도 원하는 대로 조절할 수 있죠.

③ 캐릭터를 삭제할 때는 캐릭터를 누르고 중앙 아래로 끌고 가서 휴지통에 버리면 돼요.

④ [배경]을 눌러 배경을 변경할 수도 있어요.

⑤ 원하는 배경을 선택했다면 캐릭터가 보이는 쪽 화면을 터치해 배경 메뉴를 닫아 주세요.

⑥ 배경을 변경하면 카메라로 비추던 자신의 몸은 사라지고 캐릭터 얼굴만 나타나요.

⑦ 배경 없음을 선택해 사진 모드에서 다양한 표정으로 촬영해 캐릭터 얼굴 표정을 스티커로 활용해 보세요.

⑧ 얼굴만으로 영상을 녹화해 영상 합성에 활용할 수 있어요. 배경색을 보통 밝은 녹색이나 파란색을 사용해요. 녹화한 영상은 인트로나 내레이션 영상으로 활용할 수 있겠죠.

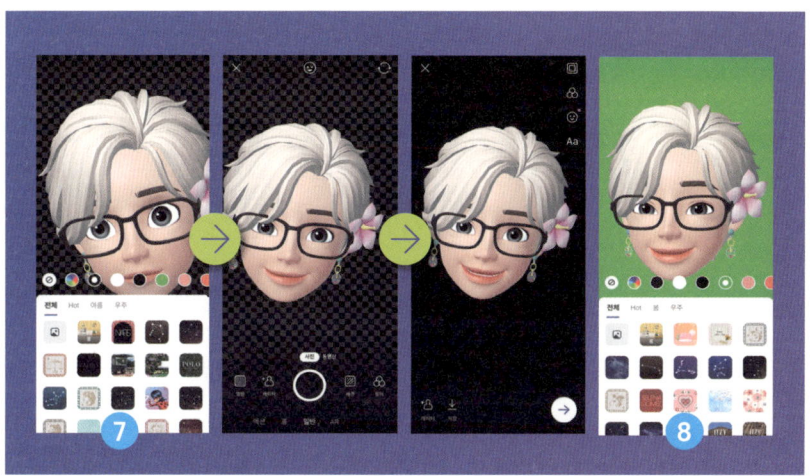

마지막으로 [AR]에 대해 알아볼게요.

❶ [AR]를 눌러 AR 모드를 작동시키고 평평한 곳을 비추면 캐릭터가 소환돼요.

❷ 캐릭터가 나타나면 캐릭터의 위치와 크기를 손가락으로 조절할 수 있어요.

❸ 카메라의 각도와 움직임에 따라 캐릭터가 다양한 각도로 보여요. 물론 손가락으로 캐릭터를 360º 회전할 수도 있어요. 하지만 항

상 카메라는 평평한 곳을 비추고 있어야 해요.

④ 여러 캐릭터를 하나씩 추가로 소환할 수 있어요. 내 책상 위에서 친구 캐릭터들과 함께 춤을 추는 모습을 연출해 보세요. 영상으로 녹화해 친구들과 공유해 보는 것도 재밌겠죠!

⑤ 물론 기존에 있던 캐릭터를 삭제하고 다른 포즈나 동작을 소환할 수도 있어요. 삭제할 때는 캐릭터를 중앙 아래로 끌고 내려와 휴지통이 나타나면 버려 주세요.

Chapter 12 프로필 설정 및 변경

이번엔 프로필을 수정하거나 설정을 변경하는 방법을 알아볼까요?

① 홈에서 [프로필]로 들어가세요.

❷ [프로필 편집]을 누르면 "프로필 수정" 화면이 나타나요.

❸ 여기서 이름을 변경할 수도 있고, 프로필 내용을 추가할 수도 있어요.

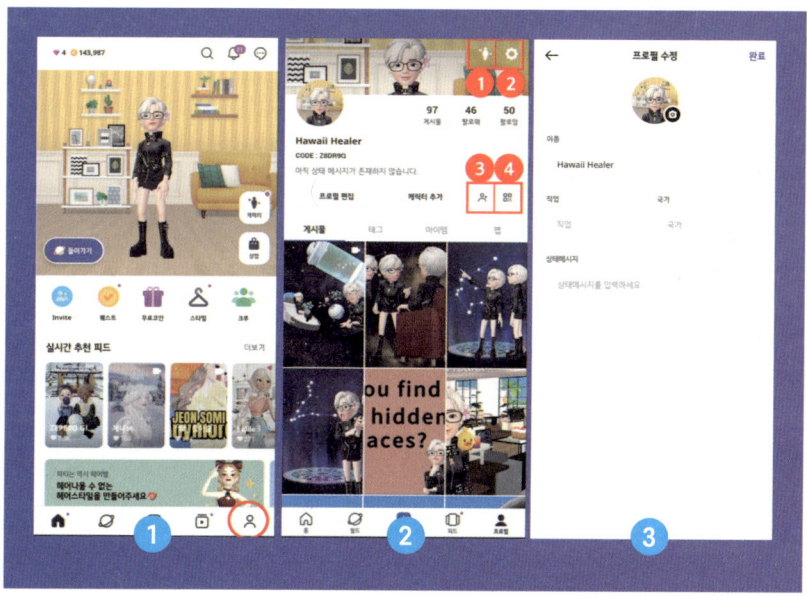

다음은 아이콘만 빨간색으로 표시한 메뉴를 하나씩 살펴볼게요.

❶ 샵

캐릭터를 꾸미는 샵 메뉴예요.

❷ 설정

① 계정에 관한 모든 설정 변경은 여기서 할 수 있어요.

② "계정 관리"는 휴대폰 번호, 이메일 등록이나 변경이 가능해요. 자신이 사용 중인 다른 SNS 계정과 연결도 할 수 있어요.

③ "푸시 알림"은 소식을 받고 싶은 알림을 켜거나 원하지 않는 알림을 끌 수 있어요.

④ "개인 정보 및 컨텐츠"는 내 게시물을 볼 수 있는 사람과 내게 메시지를 보낼 수 있는 사람을 설정할 수 있어요. 이미지나 영상을 저장할 때 ZEPETO 코드를 없애고 싶다면, 하단에 [컨텐츠를 ZEPETO 코드와 함께 저장]을 꺼 주세요!

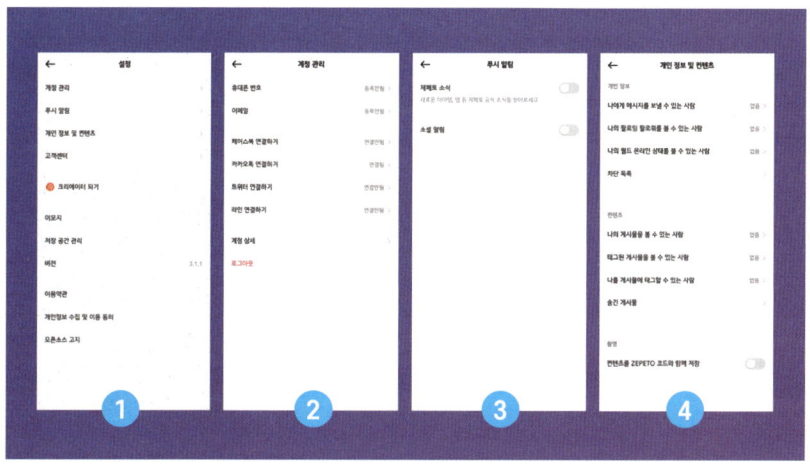

③ 친구 추가

친구 코드를 입력하거나, 이름으로 검색할 수 있어요. 이름 검색은 같은 이름이 많아 절대 못 찾아요! 친구가 QR 코드를 보내줬다면 일단 이미지를 저장하고 [코드 스캔하기]를 눌러 사진첩에서 이미지를 찾아 선택하여 추가할 수 있어요.

④ 내 코드

내 코드를 사진첩에 저장하거나 [공유]를 눌러 바로 친구들에게 보낼 수 있어요. 친구와 함께 있다면 친구 코드를 [스캔하기]로 스캔할 수도 있죠. 자동으로 표시된 포즈와 배경색은 이미지를 터치해 바꿔 보세요.

마지막으로 [캐릭터 추가]를 누르면 "캐릭터 관리" 화면이 나타나요.

❶ 캐릭터 아래 [관리]를 눌러 캐릭터를 초기화하거나 성별을 바꿀 수 있어요.

❷ 이미 만든 캐릭터가 맘에 들지 않아 처음부터 다시 만들어 보고 싶다면 [초기화]를 눌러 다시 만들 수 있어요. 성별은 바꿔도 큰 차이가 없을 수 있어요. 단지 샵에서 남자는 남자 아이템이, 여자는 여자 아이템이 먼저 나와요.

❸ 캐릭터를 더 추가하고 싶다면 "캐릭터 관리"에서 오른쪽 [+]를

눌러 주세요. 코인을 구매하는 화면 하단에 [2번째 캐릭터 슬롯]을 눌러 구매할 수 있어요.

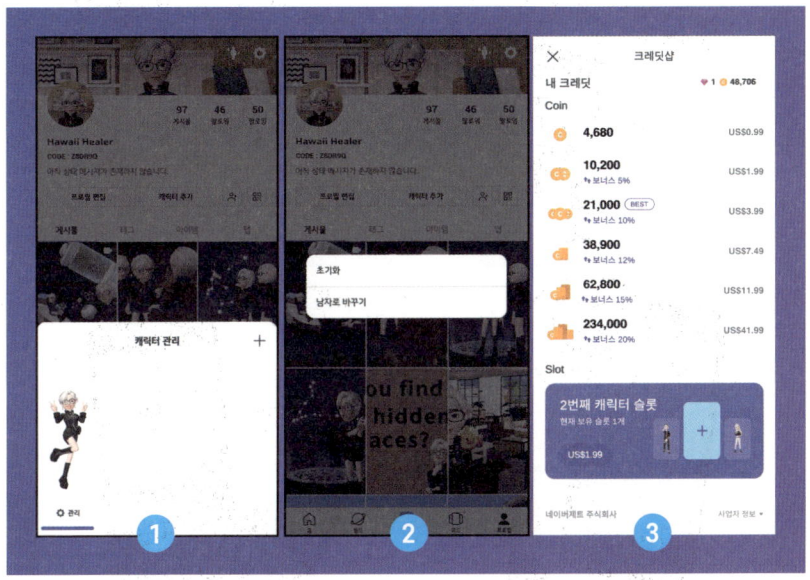

Part 4 손쉽게 콘텐츠를 만들 순 없을까?

요즘 무료로 사용할 수 있는 좋은 앱이 정말 많죠. 여기서는 카드 뉴스나 유튜브 섬네일을 쉽고 빠르게 만들 수 있는 앱 두 개를 소개할게요. 하나는 해외 업체인 만큼 '외쿡' 느낌 나는 깔끔하고

세련된 디자인의 캔바. 다른 하나는 저작권 걱정 없이 완전 무료로 사용할 수 있는 국내 업체 미리캔버스예요. 컴퓨터와 스마트폰 둘 다 사용할 수 있지만, 여기서는 스마트폰에서 사용하는 방법만 간단히 살펴볼게요.

Chapter 13 디자인 툴 - Canva(캔바)

컴퓨터에서는 canva.com으로 접속하거나, "캔바"를 검색해 주세요. 안드로이드폰이라면 [구글플레이(Google Play)], 아이폰이라면 [앱스토어(App Store)]에서 "Canva"를 검색해 설치해 주세요. 그럼 SNS에 공유할 게시물을 한번 만들어 볼까요?

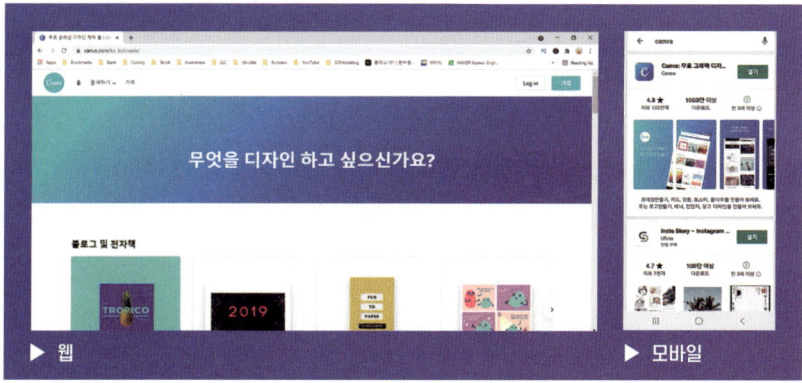

▶ 웹   ▶ 모바일

❶ [디자인 만들기]에서 원하는 것을 선택해 주세요. 여기에서는 인스타그램 게시물을 선택했어요.

❷ 다양한 템플릿 중에서 원하는 것을 선택해 편집할 수 있어요. 템플릿 편집은 간단히 배울 수 있으니 여기서는 빈칸을 선택할게요.

❸ 빈칸을 선택했더니 템플릿 검색이 나오네요. 빈칸에서 시작하려면 필요 없겠죠? [템플릿 검색] 창 상단 중앙에 있는 선 위에 손가락을 대고 아래로 내려 창을 닫아 주세요.

❹ 빈칸이 보이죠. 흰색 배경을 터치하면 화면이 선택돼요.

❺ 푸른색 테두리가 생겼다면 배경이 선택되었다는 의미예요. 아래 [색상]과 [대체] 메뉴가 나타났네요. [색상]을 터치해 배경색을 변경해 볼게요.

❻ 배경색을 선택하는 창이 나타났죠. 하단에 있는 색상 중에서 원하는 색을 선택할 수 있어요. 원하는 색이 없다면 [+]를 눌러 주세요.

❼ 색상 차트를 조절하거나 색상번호를 입력해 원하는 색상을 찾을 수 있어요.

❽ 배경을 이미지나 영상으로 변경하고 싶다면 [대체]를 눌러 주

세요.

⑨ 하단에 빨간색으로 표시된 메뉴를 손가락으로 오른쪽에서 왼쪽으로 밀어주세요.

⑩ 빨간색 동그라미로 표시된 [배경]을 눌러 주세요.

⑪ 캔바에 있는 배경 이미지에서 원하는 배경을 선택할 수 있어요.

⑫ 영상을 사용하고 싶을 때는 아래 [동영상] 메뉴에서 선택해 주세요.

⑬ 배경 이미지가 아닌 일반 이미지를 원한다면 하단 [이미지] 메뉴에서 골라 주세요.

⑭ 자신의 스마트폰에 저장된 이미지를 사용한다면 [갤러리] 메뉴를 눌러 이미지를 가지고 오세요.

⑮ 원하는 배경을 선택했다면 보라색 [+] 메뉴를 눌러 보세요. 하단에 선택할 다양한 메뉴가 나타나요.

⑯ [스티커] 메뉴에서 원하는 스티커를 선택할 수 있어요.

⑰ [갤러리] 메뉴를 눌러 자신의 스마트폰에 저장된 이미지를 불러 올 수도 있죠.

🔞 원하는 이미지를 선택해 원하는 곳에 배치해 보세요. 이미지가 선택되어 있을 때 사용 가능한 메뉴들이 하단에 나타나요. 메뉴를 손가락으로 밀면 더 다양한 메뉴가 나타나요.

⑲ [위치] 메뉴에서는 선택한 이미지를 다른 이미지 앞으로 또는 뒤로 보낼 수 있어요. 이미지 위치를 페이지에 맞춰 조절할 수도 있죠.

⑳ [필터] 메뉴를 활용해 이미지에 효과를 줄 수도 있어요.

㉑ [갤러리]에서 이미지를 더 추가할 때는 이전에 사용했던 갤러리 폴더가 나타나요. 상단에 빨간색으로 표시된 부분을 눌러 폴더를 변경할 수 있어요.

㉒ 스마트폰에 저장했던 제페토 이미지를 불러와 사용해 보세요.

㉓ [요소]에서 다양한 요소를 추가할 수 있어요.

㉔ 프레임을 추가해 원하는 사진을 넣어 보세요. 프레임을 선택한 상태에서 [대체]를 눌러 이미지를 변경해 보세요.

㉕ [요소]에서 원하는 요소를 검색창에서 검색하면 편리해요. 옆에 작은 "왕관" 모양이 있는 것은 유료예요. "왕관"이 없는 것은 모두 무료로 사용하실 수 있죠.

㉖ 요소를 추가했다면 위치와 크기, 색상 등을 조절해 보세요.

㉗ [텍스트] 메뉴로 글도 넣어 보세요. 하단 메뉴에서 글자 색상이나 글꼴, 크기 등을 변경할 수 있어요.

㉘ [요소]에서 말풍선을 추가하고 글도 넣어 봤어요. 글자와 말풍선의 크기와 위치를 조절해 원하는 디자인을 만들어 보세요.

㉙ 완성되었다면 오른쪽 상단에 빨간색 동그라미로 표시된 메뉴를 눌러 주세요. 다양한 메뉴 중에서 원하는 메뉴를 선택하세요.

㉚ 저는 인스타그램 게시물을 선택했어요. 바로 제 인스타그램에 올려 볼게요.

㉛ 원하는 SNS에 자신이 만든 디자인을 올려 공유해 보세요.

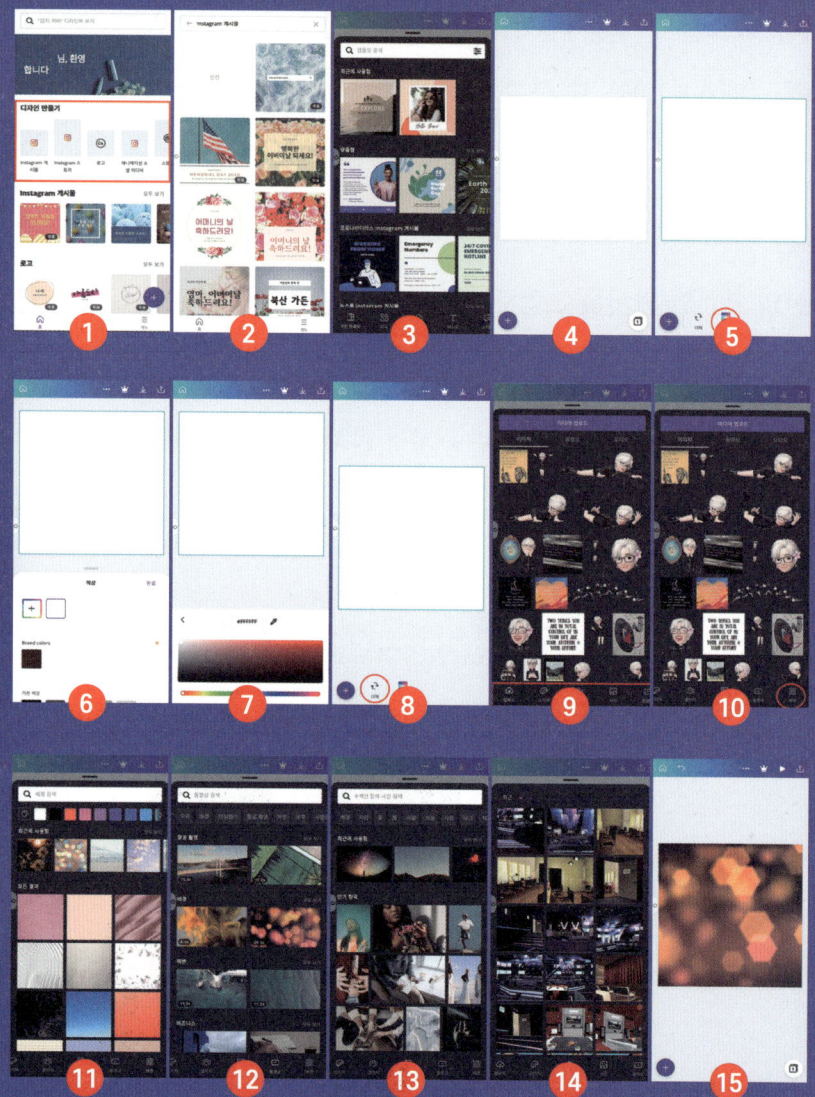

142

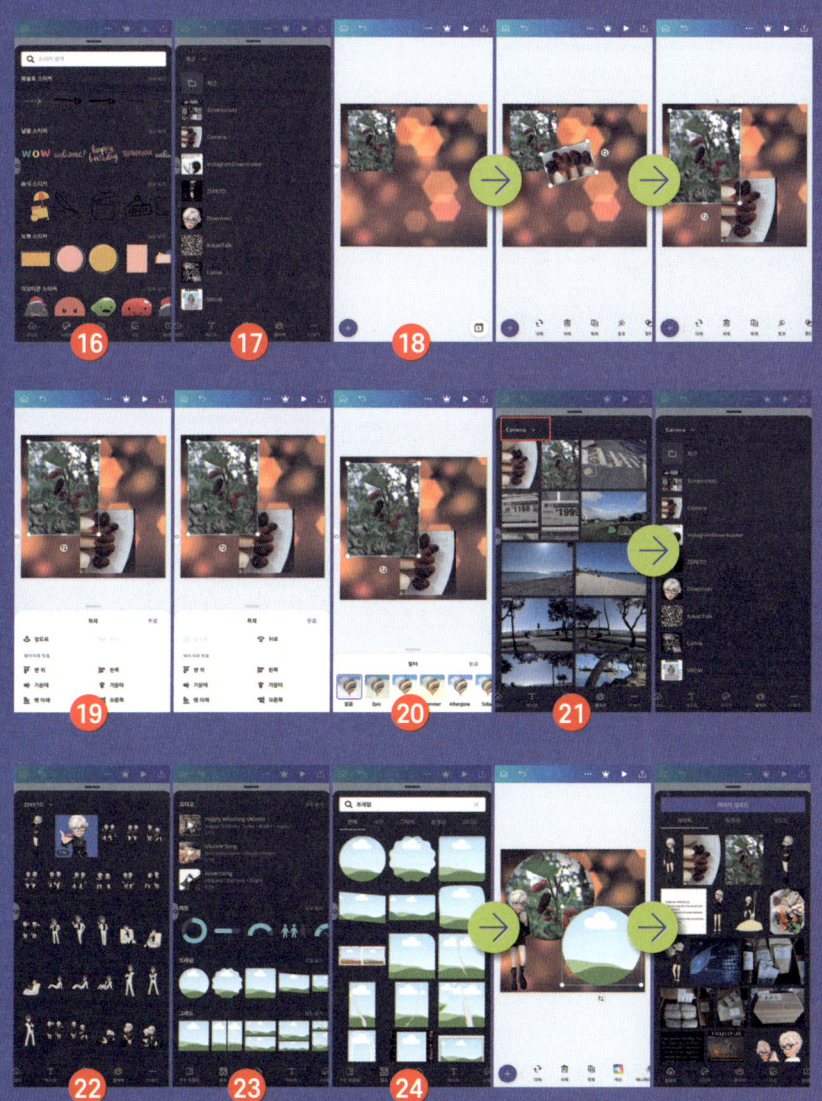

제페토로 로고 만들기

❶ [디자인 만들기]에서 [로고]를 선택해 주세요. 로고 템플릿에서 원하는 디자인을 골라 편집할 수도 있어요.

❷ 여기서는 빈칸에 스마트폰에 저장된 제페토 이미지로 만들어 볼게요.

❸ 로고에 텍스트를 추가해 보세요.

❹ 로고답게 [효과]를 눌러 텍스트를 곡선으로 만들어 볼게요.

❺ 곡선으로 만들어 크기와 위치, 글꼴을 변경해 나만의 로고를 완성했어요. 만든 로고를 SNS 프로필 이미지로 활용해 보세요.

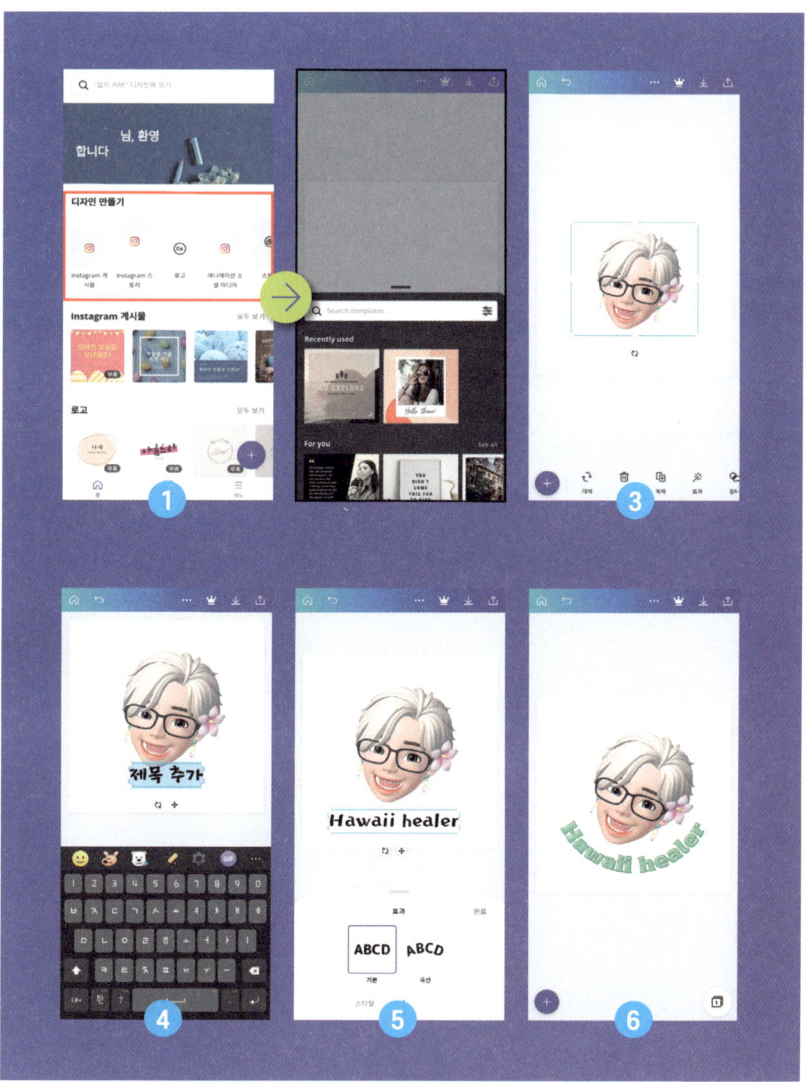

Chapter 13 디자인 툴 - 미리캔버스

미리캔버스 사용법은 캔바와 거의 동일하니 여기서는 간단히 메뉴만 살펴볼게요.

❶ 컴퓨터에서 miricanvas.com으로 접속하거나 "미리캔버스"를 검색해 주세요.

❷ 미리캔버스는 스마트폰에서 앱을 따로 설치할 필요 없이 인터넷 브라우저에서 바로 사용할 수 있어요. 사용 중인 인터넷 창을 열고 "미리캔버스"를 검색해 주세요.

❸ [바로 시작하기]를 누르면 빈칸이 나타나요.

❹ 오른쪽 배경 상단 첫 번째 메뉴는 [페이지 설정] 메뉴예요. 영상을 만들 때 전환 애니메이션 효과를 사용할 수 있어요.

❺ 오른쪽 배경 상단 두 번째 메뉴는 배경색 메뉴예요. 원하는 색상으로 배경색을 변경해 보세요.

❻ 화면 하단 녹색 [+] 버튼을 누르면 템플릿과 요소를 추가할 수 있는 메뉴가 나타나요. 다양한 템플릿 중에서 원하는 템플릿을 골라 편집해 보세요.

❼ 로그인을 하면 만든 디자인이 저장돼요. [로그인하기]를 누르면 로그인 화면이 나타나요. 회원가입을 하거나 이미 사용 중인 소셜 계정으로 로그인 할 수 있어요.

❽ 미리캔버스에 저장된 사진이나 Pixabay에서 이미지를 선택해 사용할 수 있어요.

❾ 모두 무료로 사용할 수 있는 다양한 요소들이 준비되어 있어요.

❿ 글꼴도 물론 무료! 한국 업체답게 다양한 한글 글꼴이 준비되어 있어요.

⓫ 테마 색상을 지정해 색상 조화를 맞춰 디자인하고 싶다면 활용해 보세요.

⓬ 무료로 사용할 수 있는 다양한 영상도 준비되어 있어요.

⓭ 테마별로 예쁘고 아기자기한 배경 이미지가 정말 다양하네요. 원하는 디자인 컨셉에 따라 다양하게 활용해 보세요.

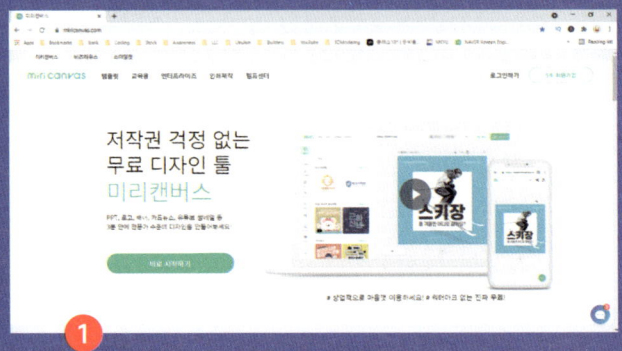
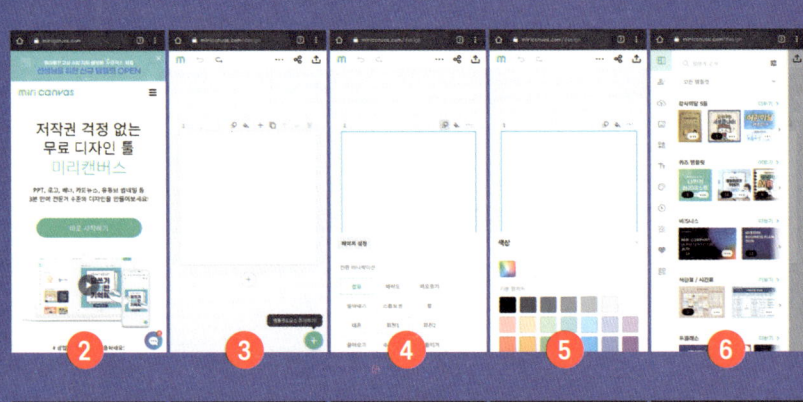
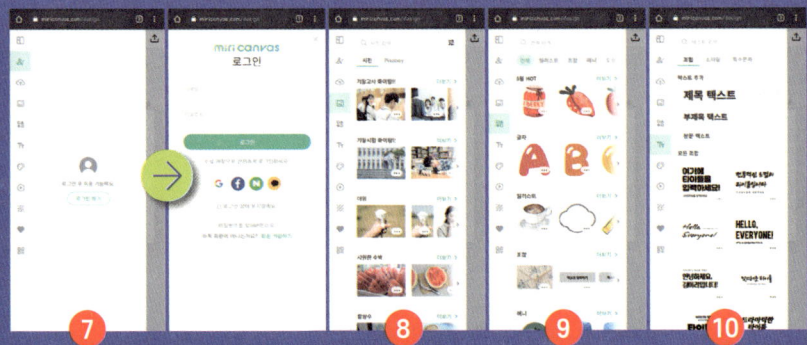

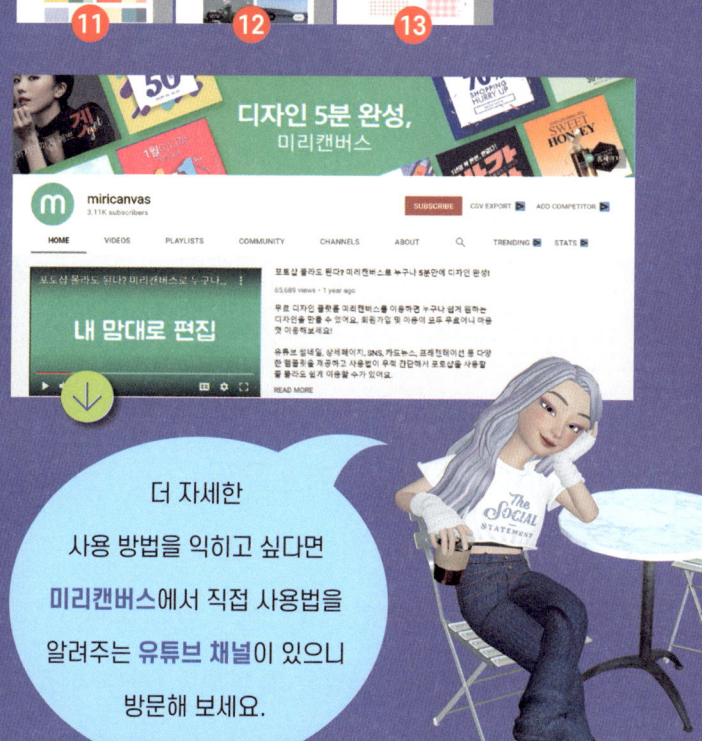

더 자세한
사용 방법을 익히고 싶다면
미리캔버스에서 직접 사용법을
알려주는 **유튜브 채널**이 있으니
방문해 보세요.

지금까지 제페토와 디자인 툴 사용법을 배웠다면 이제 콘텐츠 디자인을 직접 해봐야겠죠? 콘텐츠는 내가 전하고자 하는 메시지를 담는 그릇이라고 할 수 있어요. 같은 음식이라도 예쁜 그릇에 담기면 더 맛있어 보이는 것처럼 깔끔하고 보기 좋은 콘텐츠는 시선을 사로잡아 원하는 메시지를 효과적으로 전달할 수 있어요. 메시지를 어떻게 하면 쉽고 재밌게 콘텐츠라는 그릇에 담을 수 있을지 생각하고 계획하는 것을 '기획'이라고 불러요.

기획이라고 하면 하나같이 "목적과 목표, 대상을 설정하고 전략을 수립하여 콘텐츠를 만들어야 한다"는 어려운 말만 늘어놓고 있으니 도무지 뭘 하라는 건지 감이 오지 않을 거예요. 요리하기 전에 메뉴가 정해져 있다면 좋겠지만, 우린 매일 '오늘은 또 뭘 해 먹어야 하나?' 고민해야 하잖아요. 도대체 거의 매일 올리는 콘텐츠를 그것도 일반인들이 어떻게 매번 하나하나 기획해서 만드냐는 거죠.

우리가 요리하는 모습을 떠올려 볼까요? 배가 살살 고파 와요. 일단 냉장고 문을 열어 남아있는 식재료를 확인해요. 있는 재료로 뭘 만들 수 있을지 생각해 적당한 재료를 꺼내 대충 요리를 시작하죠. 매일 올리는 콘텐츠는 모두 이런 식이 될 수밖에 없어요. 기획은 커녕 대충 때우는 한 끼가 되어 버린다는 거죠. 여기서 추천하는 방법은 스타일을 정하는 거예요. 예를 들면 메인 컬러, 톤, 글꼴 등을 미리 정해 두는 거죠. 캔바나 미리캔버스에서 제공하는 템플릿을 활용하는 것도 좋고 다른 사람들의 콘텐츠를 찾아보는 것도 도움이 될 거예요. 스타일을 정하면 가끔 주제에서 벗어난 콘텐츠를 다루더라도 콘텐츠에 통일감을 줄 수 있거든요.

각 챕터 시작 부분에 있는 4컷 만화는 제가 직접 제페토와 디자인 툴을 활용해 만든 거예요. 물론 재미를 위한 것이기도 하지만 제페토와 디자인 툴을 활용하면 누구나 쉽게 전하고자 하는 메시지를 멋지게 표현할 수 있다는 사실을 알려 드리고 싶었어요. 처음 만들어 보는 거라 많이 부족하고 어설프지만, 자꾸 만들면서 느는 거 아니겠어요.

이제부턴 이런 이미지를 볼 때 그냥 '아, 재밌네!' 하시면 안 돼요! '이건 어떻게 만든 거지? 나도 한번 따라 해볼까?' 하는 콘텐츠 제작자의 관점에서 바라보는 연습이 필요해요. 내가 만들고 싶은 주제의 콘텐츠를 직접 찾아보며 좋은 것은 배우고 부족한 부분은 보완하며 나만의 콘텐츠로 발전 시켜 보세요.

처음엔 모방, 다음엔 확장! 그렇게 콘텐츠를 만들다 보면 나만의 스타일이 자연스럽게 생기고 점점 이런 콘텐츠 만드는 일이 쉬워질 거예요.

무료 영상 편집 앱을 소개해줄게.

이번엔 무료 영상 편집 앱을 하나 소개할게요. 이 앱을 소개하는 이유는 에러가 가장 적고, 워터마크 없이 사용할 수 있기 때문이에요. 사용법도 간단해서 금방 익힐 수 있어요. 그럼 한번 살펴볼까요?

Chapter 14 영상 툴 - Capcut(캡컷)

❶ 안드로이드폰이라면 [구글플레이(Google Play)], 아이폰이라면 [앱스토어(App Store)]에서 "Capcut"를 검색해 설치해 주세요.

❷ [새 프로젝트]는 일반 영상 편집이고 [바로가기]는 정해진 템플릿에 맞게 자동으로 편집되는 기능이에요.

❸ 오른쪽 상단에 빨간색 동그라미로 표시된 부분을 누르면 간단히 사용법을 확인할 수 있어요.

❹ 오른쪽 상단에 톱니바퀴처럼 생긴 모양은 기본 설정이에요. 여기서 가장 중요한 기능은 "기본 엔딩 추가" 메뉴예요. 여기서 말하는 "기본 엔딩"이 영상 끝부분에 들어가는 워터마크예요. 이 설정을 끄면 워터마크가 사라져요.

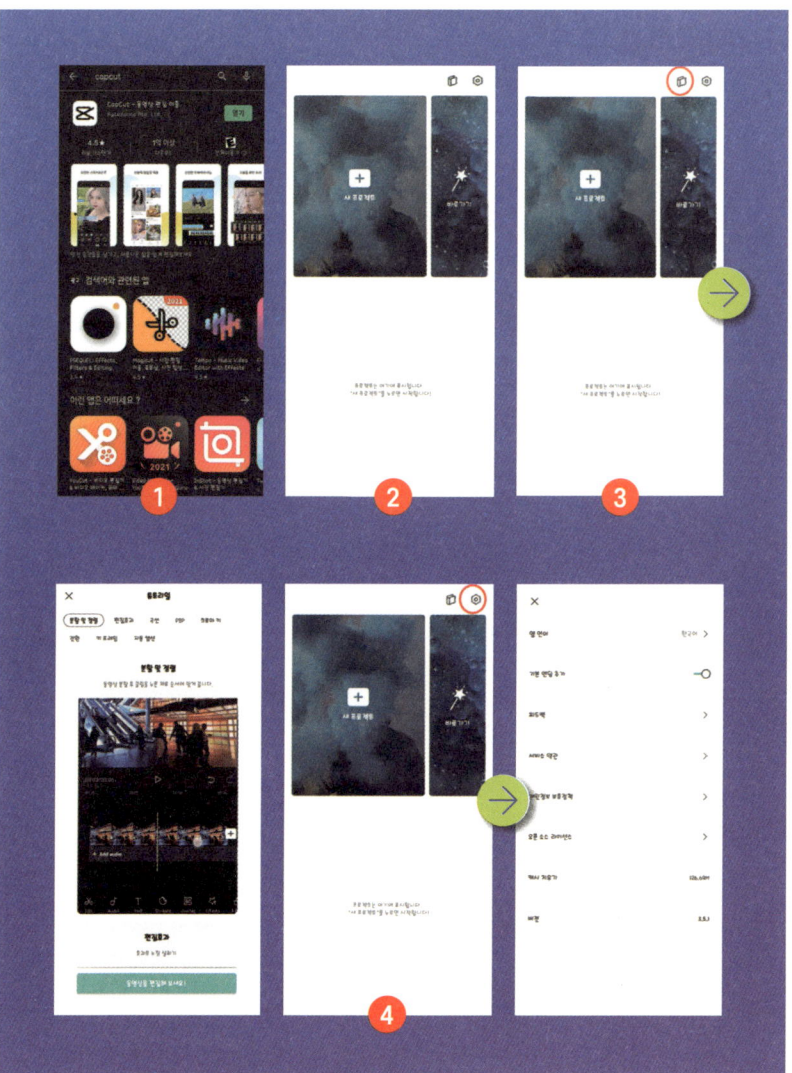

여기서는 녹색이나 파란색 배경을 이용해 영상을 합성하는 크로마 키 기법을 이용해 제페토 영상을 합성하는 방법만 간단히 소개해 드릴게요.

① [새 프로젝트]를 누르고 편집할 영상을 선택하세요. 배경이 되는 영상을 먼저 선택하셔야 해요.

② [기본 엔딩 추가]를 설정에서 끄지 않으면 항상 영상 끝부분에 "엔딩"이 나타나요. 손가락으로 "엔딩"을 터치해 삭제해 주세요.

③ 아래 메뉴를 손가락으로 오른쪽에서 왼쪽으로 밀면 다른 메뉴들이 나타나요.

④ 먼저 [캔버스]를 눌러 영상을 원하는 비율로 조절하세요.

⑤ 손가락으로 영상을 터치하면 흰색으로 테두리가 생긴 것이 보여요. 하단에 선택한 영상을 편집하는 메뉴가 나타나요.

⑥ [편집효과]를 누르면 영상에 다양한 효과를 추가할 수 있어요.

⑦ 본격적으로 제페토 영상을 합성해 볼까요? 메뉴에서 [PIP]를 눌러 주세요. [PIP 추가]를 눌러 합성할 영상을 선택해 주세요.

⑧ 하단 메뉴를 손가락으로 오른쪽에서 왼쪽으로 밀어주세요. [크

로마키] 메뉴가 나타나면 [크로마키]를 눌러 주세요.

⑨ 반투명한 동그라미 모양에 "컬러 피커"가 나타나요.

⑩ 손가락으로 동그라미를 배경색이 있는 곳으로 이동해 주세요. 추출된 배경 색으로 변해요.

⑪ 하단 메뉴에서 두 번째 [채도]를 눌러 주세요. [재설정]이 나타나면 흰색 동그라미에 손가락을 대고 오른쪽으로 조금씩 밀면 배경색이 사라져요. 너무 오른쪽으로 옮기면 다른 부분도 흐려져요. 배경색이 깔끔하게 사라질 정도만 설정해 주세요. 다른 부분이 흐릿해졌지만, 아직 배경색이 보인다면 흐릿해지기 전까지 설정하고 [음영]을 눌러 조절해 보세요.

⑫ 이제 제페토를 엄지와 검지를 이용해 제페토 크기와 위치를 조절해 보세요. 전체적인 편집이 끝나면 오른쪽 상단에 있는 화살표 모양을 눌러 저장하면 끝!

 더 다양한 영상 편집 방법이 궁금하시다면 유튜브에서 "캡컷"을 검색해 보세요. 영상을 보며 몇 번 따라 해 보면 쉽게 익힐 수 있어요. 제페토를 활용한 영상 합성도 이젠 어렵지 않죠. 이 파트 마지막에 제페토 영상 편집에 참고될 만한 리스트를 정리해 두었으니 참고해 주세요.

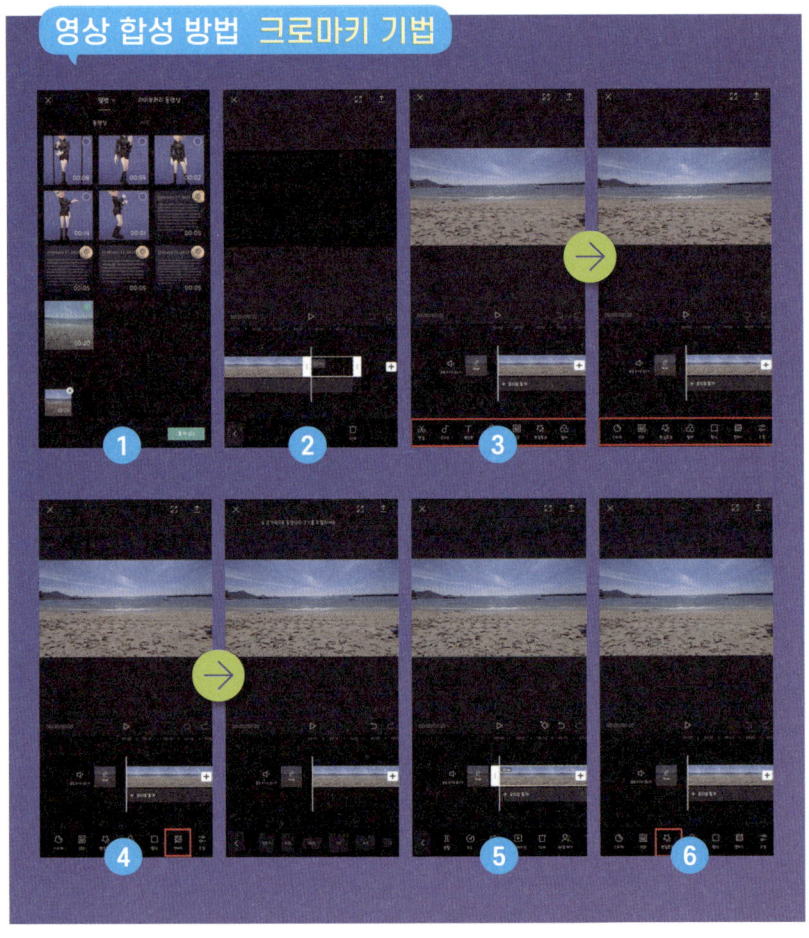

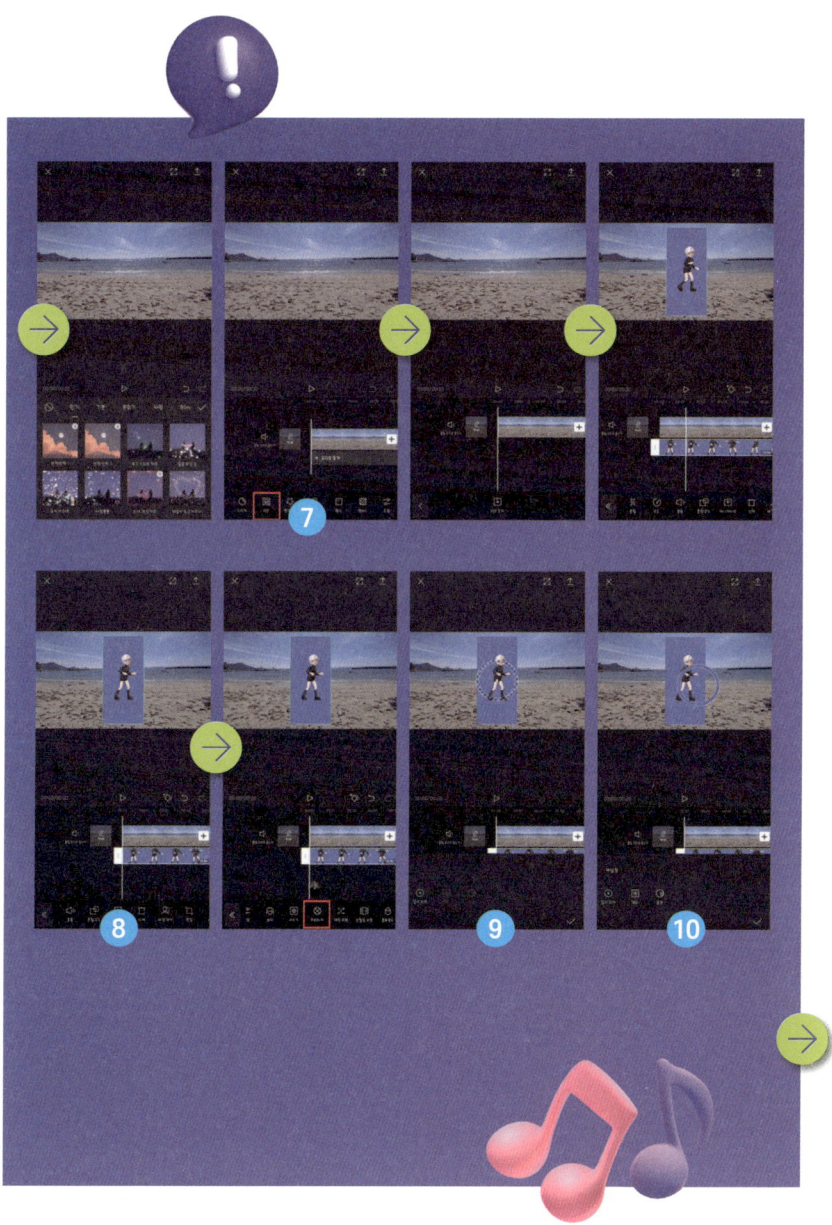

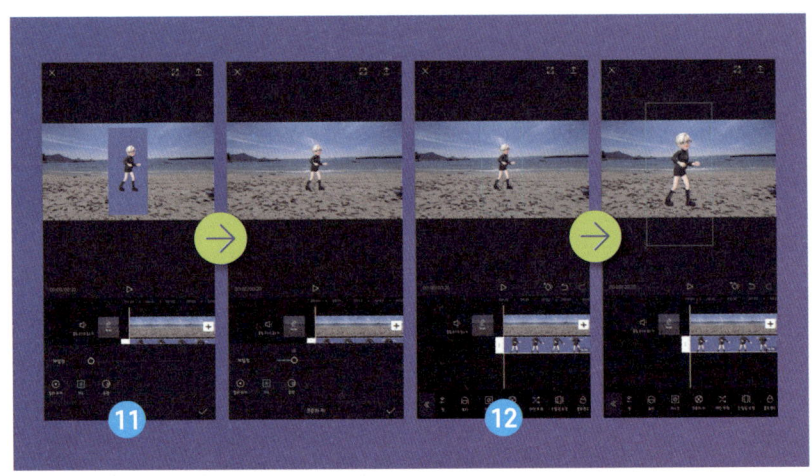

1분 넘는 영상 제페토에서 공유하는 법

제페토에서는 1분이 넘는 영상을 공유할 수 없어요. 영상 파일 용량이 너무 크기 때문이죠. 하지만 아주 방법이 없는 건 아니에요. 비디오나 영상 파일 크기를 압축하는 앱이 있거든요.

"비디오 압축기"를 안드로이드폰이라면

[구글플레이(Google Play)], 아이폰이라면 [앱스토어(App Store)]에서 검색해 활용해 보세요.

화면 녹화 표시없이 깔끔하게 할 수 있는 앱

신형 스마트폰에는 대부분 화면 녹화 기능이 [퀵 패널 숏컷]에 포함되어 있지만 없는 분들을 위해 화면 녹화 표시가 없이 녹화할 수 있는 앱을 소개해 드려요.

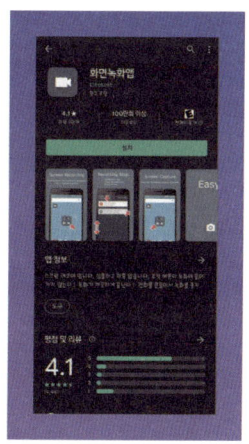

[구글플레이(Google Play)]에서 "Kitasoft"를 검색해 주세요. '화면녹화앱'으로 검색하면 다른 화면녹화 앱이 너무 많아서 찾기 어려워요. 그럴 땐 앱을 만든 회사 이름으로 검색하면 원하는 앱을 쉽게 찾을 수 있어요.

영상에 생동감을 위한 목소리를 넣을 수 있는 더빙 서비스

여기서도 네이버가 활약하네요. 다양한 성우의 목소리에서 선택할 수 있고 너무나 자연스러운 한국어 더빙을 할 수 있어요. 일정 길이의 더빙은 무료로도 사용 가능하다고 해요. 일단 사용해 보고 맘에 들면 유료로 사용할 수도 있겠죠.

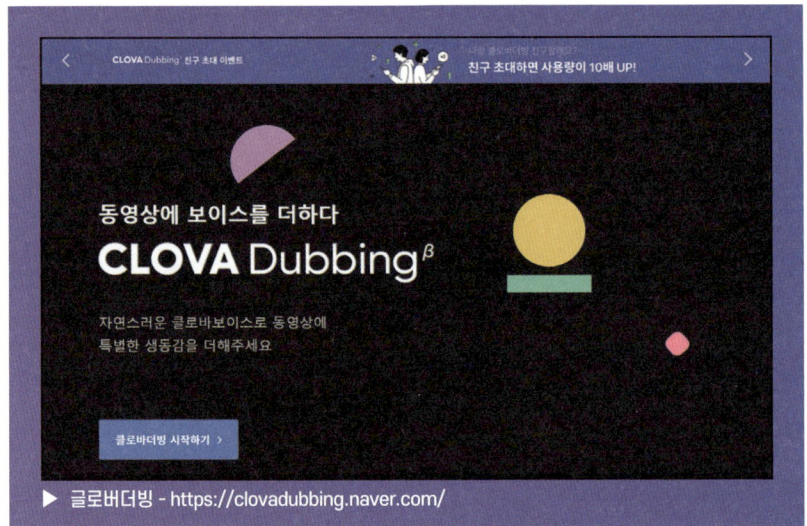

▶ 글로버더빙 - https://clovadubbing.naver.com/

**컴퓨터에서 사용할 수 있는
프로급 무료 영상 편집 프로그램 소개**

　요즘엔 대부분 스마트폰 앱을 사용해 영상을 편집하고 계시죠? 하지만 컴퓨터에서 완전 무료로 사용할 수 있는 프로그램도 많아요. 그중에서도 제일 쓸만한 영상 편집 프로그램 2개를 소개할게요. 설치 방법과 사용법은 여기서 다 설명해 드릴 수 없으니, 참고할 만한 유튜브 채널을 알려 드릴게요. 이 책에서는 제가 찾은 가장 좋았던 채널을 소개하고 있을 뿐이라는 사실 미리 말씀드려요.

❶ Shotcut (샷컷)

완전 무료 오픈 소스 프로그램이고 한국어 메뉴도 지원하고 있어요. 구글에서 영어로 "샷컷"을 검색하면 다운로드받을 수 있는 사이트를 찾을 수 있어요. 자세한 설치와 사용법은 유튜브 "제로클릭" 채널에 있는 플레이리스트 "샷컷(Shotcut)" 영상을 참고해 주세요.

❷ Davinci Resolve (다빈치 리졸브)

호주에 본사를 둔 영상 기기 제작 업체인 블랙매직 디자인이 만든 프로그램이에요. 다빈치 리졸브는 원래 색 보정 프로그램이였는데, 영상 편집 수요가 늘면서 기능이 추가된 것이라고 해요. 무료와 유료 버전이 있지만, 무료로도 충분히 프로에 가까운 영상 편집을 할 수 있어요. 일단은 무료로 충분히 사용해 보고 부족한 부분이 생기면 유료 버전 구매를 고려해 볼 수 있겠죠. 구글에서 "다빈치 리졸브"를 검색해 주세요. 물론 설치와 사용법을 참고할 곳도 알려 드려야죠. 유튜브 "OKCUT" 채널을 참고해 주세요.

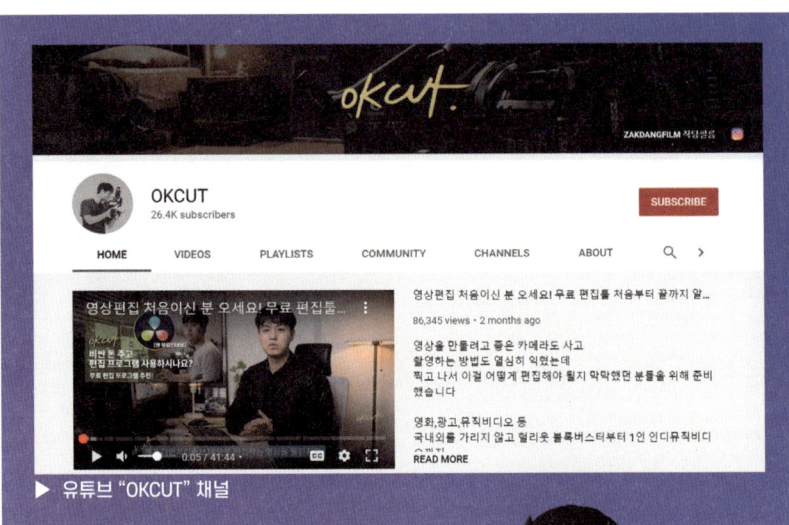

▶ 유튜브 "OKCUT" 채널

파워포인트를 활용해보자.

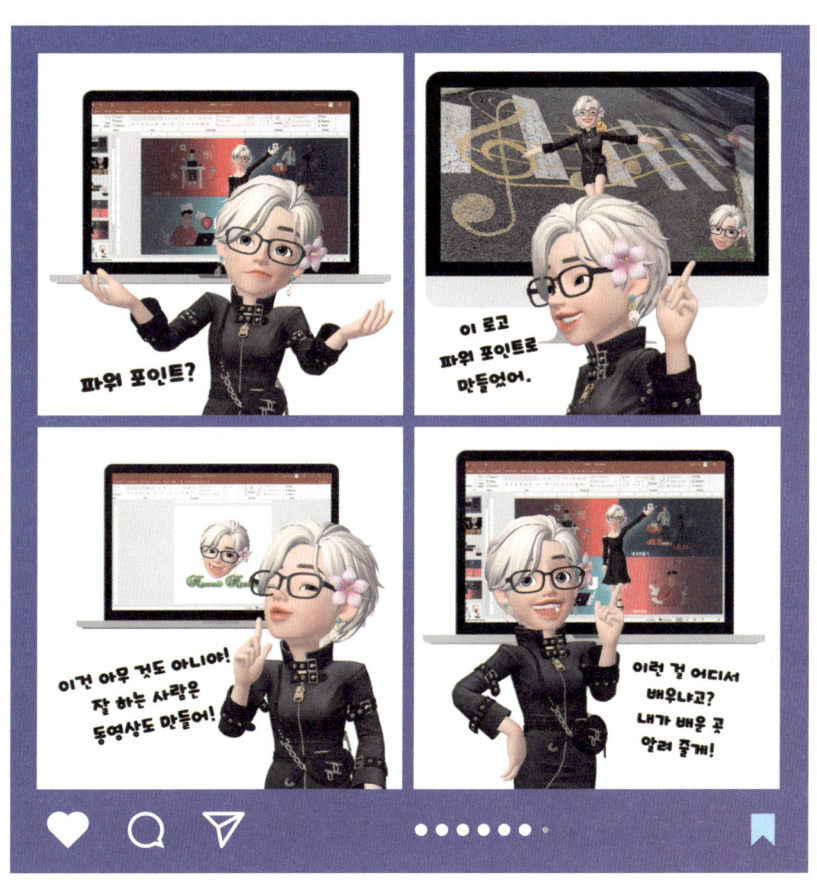

　원도우즈 오피스에 포함된 파워포인트를 모르는 분은 안 계시겠죠? 보통은 발표나 강의를 할 때 사용하는 것으로만 알고 있나요? 사실 파워포인트로는 정말 다양한 일을 할 수 있어요. 예전에 문서로 작성하던 이력서나 제안서를 이젠 파워포인트로 만들죠.

　바쁜 업무에 쫓기는 요즘, 긴 이력서나 제안서를 하나하나 읽어보는 사람들은 거의 없을 거예요. 수많은 경쟁자들 사이에서 눈에 띄는 전력으로 파워포인트가 선택된 거죠. 조금만 배우면 파워포인트로 할 수 있는 일들이 정말 많거든요. 발표 자료로 온라인 강의 영상을 만들 수도 있고 애니메이션을 만들 수도 있어요. 포토샵처럼 비싸고 전문적인 프로그램 없이도 다양한 이미지를 디자인 할 수 있어요. 구글에서 "파워포인트로"만 입력해도 정말 다양한 "파워포인트로 ㅇㅇㅇ만들기"가 나오는 걸 볼 수 있어요. 비싼 돈 들여 새로운 도구만 찾기보다는 파워포인트처럼 이미 가지고 있는 도구를 잘 활용해 보세요.

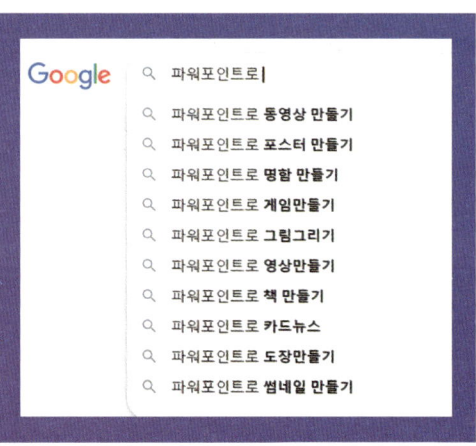

Chapter 15 파워포인트

여기서 파워포인트로 할 수 있는 것들을 모두 다룰 순 없으니, 제페토 이미지를 활용해 로고 만드는 법을 알려 드릴게요. 캔바나 미리캔버스에서 만든 로고는 배경 때문에 프로필 사진으로는 좋은데 다른 곳에 사용하긴 불편해요. 파워포인트에서 만들어 저장하면 PNG파일이라고 해서 배경 없이 투명하게 저장해 스티커처럼 사용할 수 있어요.

스마트폰에 저장된 이미지를 컴퓨터에서도 사용하고 싶다면, 일정 용량까지는 무료로 사용할 수 있는 구글이나 네이버 클라우드를 사용해 보세요. 혹시 사용법을 모르신다면 유튜브에서 "스마트폰 사진 컴퓨터로 옮기는 방법"을 검색해 보세요. [컴싸부]라는 채널에 가장 최근에 올라온 영상이 있어 추천해 드려요. 이런 정보는 버전이 업데이트되면 사용법이 달라질 수 있으니 영상이 올라온 날짜를 확인해 가장 최근 영상을 참고하시는 것이 좋아요.

그럼 파워포인트로 로고 만들기를 시작해 볼까요?

❶ 파워포인트에서 빈 슬라이드를 열고 필요 없는 텍스트 상자를 삭제해 주세요. 이미지를 저장할 때 배경 없이 저장하기 때문에 슬라이드 비율을 변경할 필요는 없어요. 로고 비율을 확인하기 편하게 슬라이드 비율을 변경하고 싶다면 [디자인] 메뉴에서 슬라이드 크기를 변경할 수 있어요.

❷ [삽입]에서 [그림]을 선택하고 원하는 이미지 파일을 가져오세요. 이미지 파일을 마우스로 화면에 직접 가지고 올 수도 있어요. 제페토에서 배경 없이 저장한 이미지를 사용하시는 거 잊지 마세요. 이미지를 원하는 크기와 위치로 조절해 주세요.

❸ 원하는 위치에 텍스트 상자를 입력하세요.

❹ 원하는 글꼴과 크기를 선택하세요.

❺ 원하는 로고를 입력하시고 [서식]에서 [텍스트 효과]로 글자 디자인을 변경해 보세요.

❻ 디자인이 완성되었다면 이미지와 텍스트를 모두 선택해 주세요.

❼ 선택된 이미지와 텍스트 위로 마우스 화살표를 이동한 상태에서 마우스 오른쪽을 클릭하세요. 메뉴에서 [이미지로 저장하기]를

눌러 주세요.

❽ 저장할 위치를 지정하고 파일 이름을 변경한 후, [저장]을 눌러 주세요. 자신이 저장한 위치에 이미지가 잘 저장되었는지 확인해 보세요.

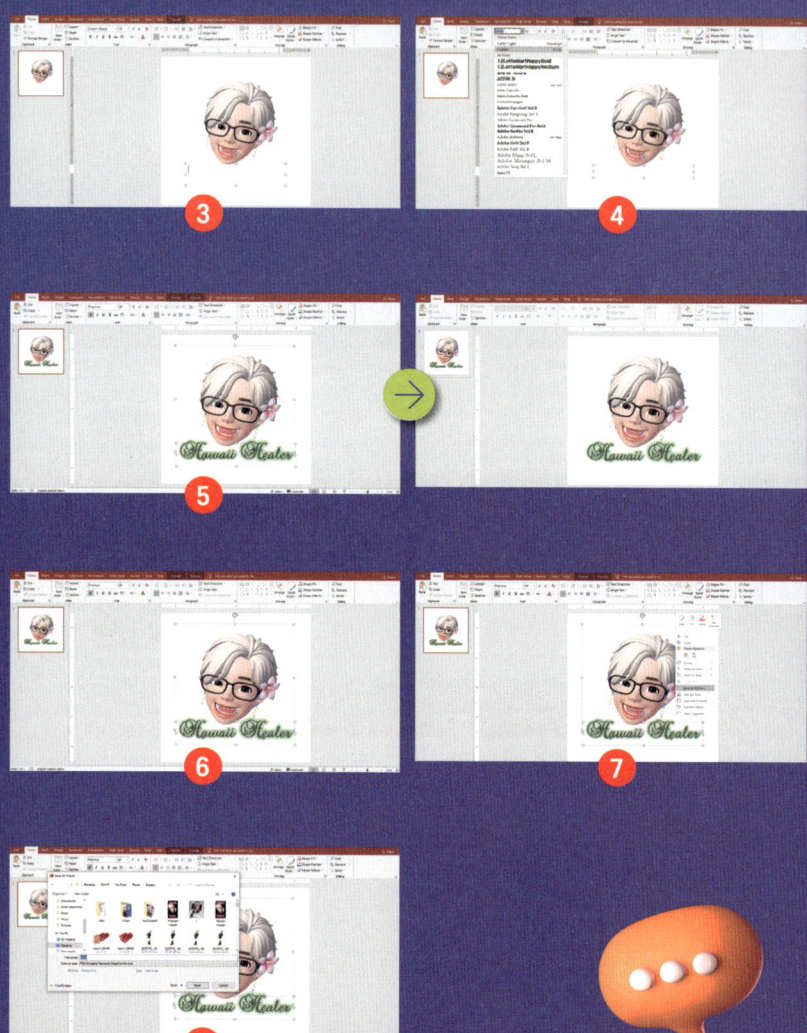

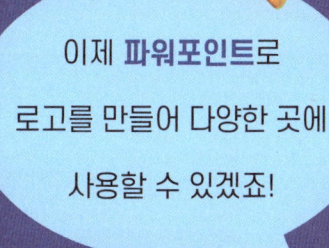

이제 **파워포인트**로 로고를 만들어 다양한 곳에 사용할 수 있겠죠!

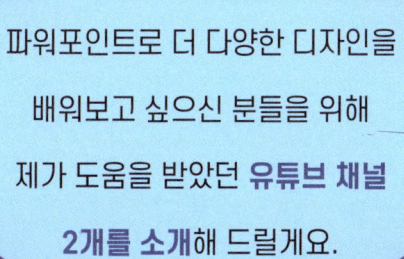

파워포인트로 더 다양한 디자인을 배워보고 싶으신 분들을 위해 제가 도움을 받았던 **유튜브 채널 2개를** 소개해 드릴게요.

파워포인트 유튜브 무료 강의

1 이지쌤

파워포인트 관련 책을 출간할 만큼 쉽고 다양한 파워포인트 활용법을 알려주는 채널이에요. 파워포인트로 할 수 있는 거의 모든 걸 배울 수 있어요.

❷ 피피티프로젝트

깔끔하고 세련된 발표 자료를 만드는 방법을 알려주는 채널이에요. 파워포인트로 온라인 강의 영상을 만들고 싶은 분들께 추천해 드려요.

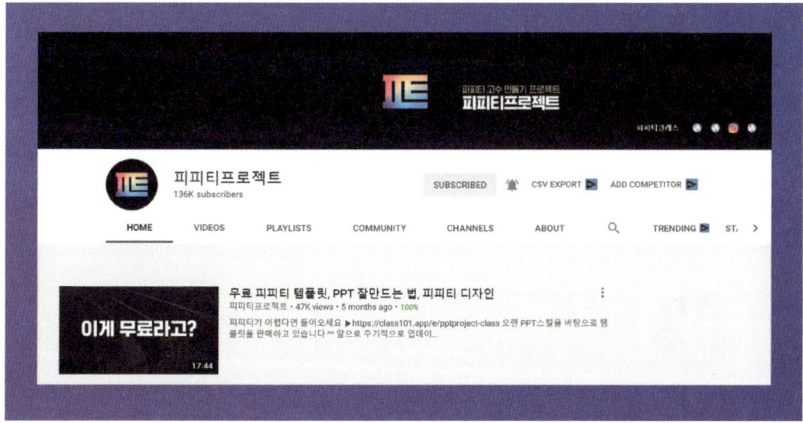

무료로 콘텐츠를 쉽고 빠르게 만들 수 있는 도구가 정말 많아졌죠. 유튜브에서는 사용법을 무료로 정말 쉽고 자세하게 알려줘요. 끊임없이 새로운 것들을 배워야 하는 시대, 그만큼 배워야 할 것은 많아졌지만, 마음만 있으면 얼마든지 배우기도 쉬운 시대가 되었어요. 무료잖아요. 안 배우면 손해 아닌가요?

제페토를 활용하는 유튜브 콘텐츠 사례

1 서울경제썸

"영앤리치"라는 코너에서 제페토 캐릭터가 성공한 밀레니얼 친구들과 인터뷰를 하는 재미있는 채널이에요. 제페토에서 카메라 기능을 활용한 립싱크 영상을 촬영해 영상을 만들고 싶다면 꼭 이 채널을 참고하세요.

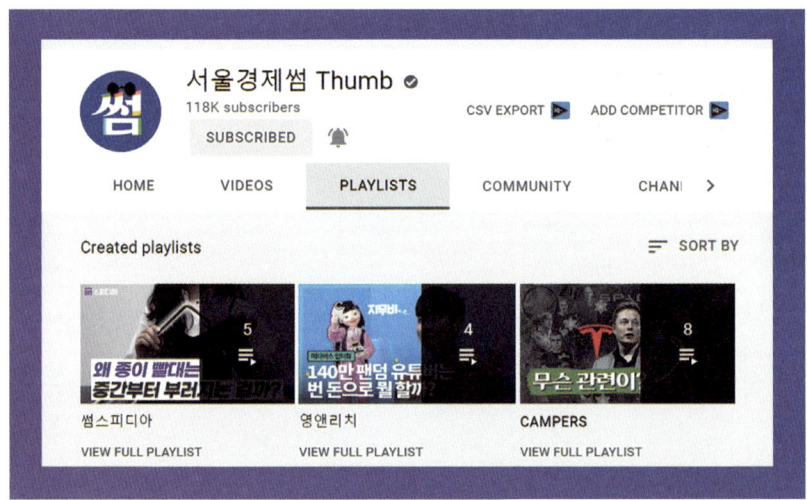

② 월간 - 제페토 드라마

제페토 드라마로 약 1년 사이 총 60편 가까운 영상이 올라와 있어요. 구독자인 10대들을 위한 학원물 로맨스를 만들고 있죠. 완결된 2편의 드라마는 '몰아보기 통합본'으로도 재구성되어 있어요. 제페토 이미지를 활용해 영상을 만들고 싶다면 참고할 수 있는 채널이에요.

3 이호

인기 제페토 드라마 유튜버로 짧게는 6회, 길게는 13회로 제작된 드라마는 총 6편이 완결되었어요. 플레이 리스트로 잘 정리되어 있으니 쉽게 찾으실 수 있을 거예요. 월간과 동일한 10대들의 학원물이에요.

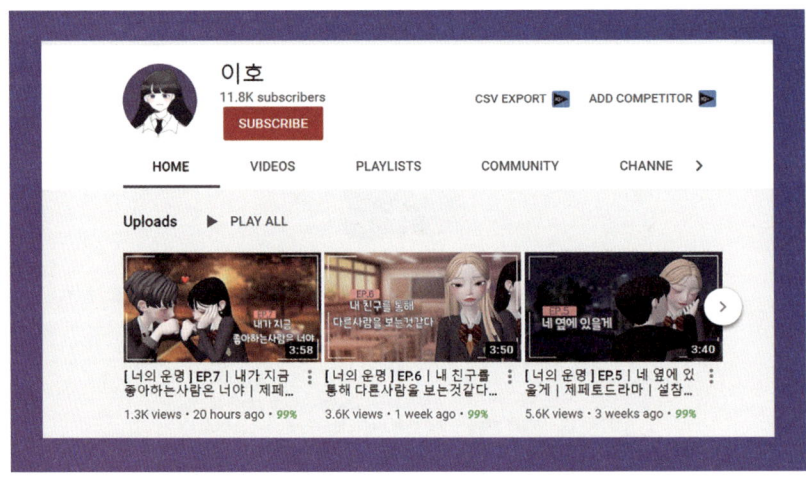

❹ 코코 KKOKKO

아마도 첫 제페토 유머 영상이 아닐까 싶어요. 아직 구독자는 많지 않지만, 너무 재밌어서 개인적으로 제일 좋아하는 채널이에요. 제페토 카메라를 활용해 촬영한 영상을 사용하고 있어요. 제페토 드라마와 달리 등장인물들이 직접 이야기를 하죠. 제페토 카메라를 활용한 영상을 만들고 싶다면 꼭 참고해 주세요.

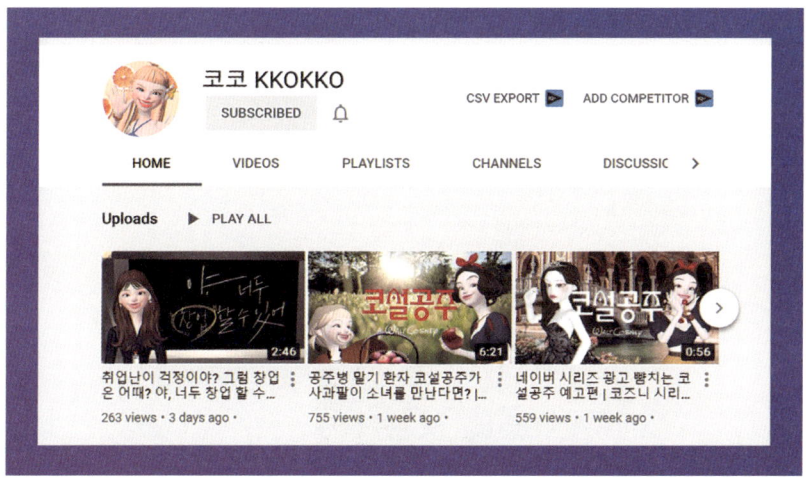

⑤ 두기TV

주로 제페토 월드에 있는 제페토 공식 맵을 소개하는 콘텐츠를 올리는 유튜버예요. 제페토 얼굴 커스텀 하는 방법이나 코디하는 법도 알려줘요. 자신의 팬들과 제페토 월드에서 라이브도 함께하는 제페토계에 '도티'라고 할까요? 제페토 월드에 대해 궁금한 것이 있다면 꼭 방문해 보세요.

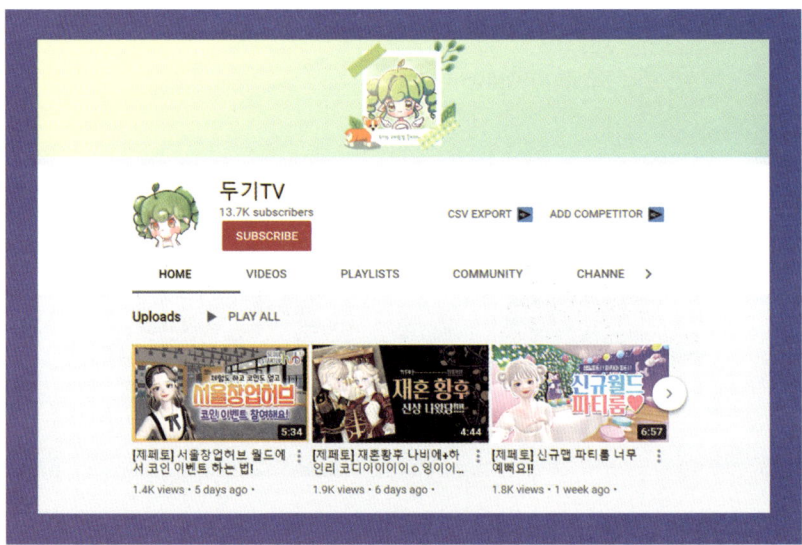

6 헬로라라

20만 명 가까운 구독자를 보유한 인기 유튜버예요. 원래는 바비인형 유튜버지만 최근에는 제페토 영상이 올라오고 있어요. "제페토 신비아파트 캐릭터 만들기 모아보기 – 라라" 영상은 130만 이상의 조회 수를 기록한 인기 제페토 영상이에요.

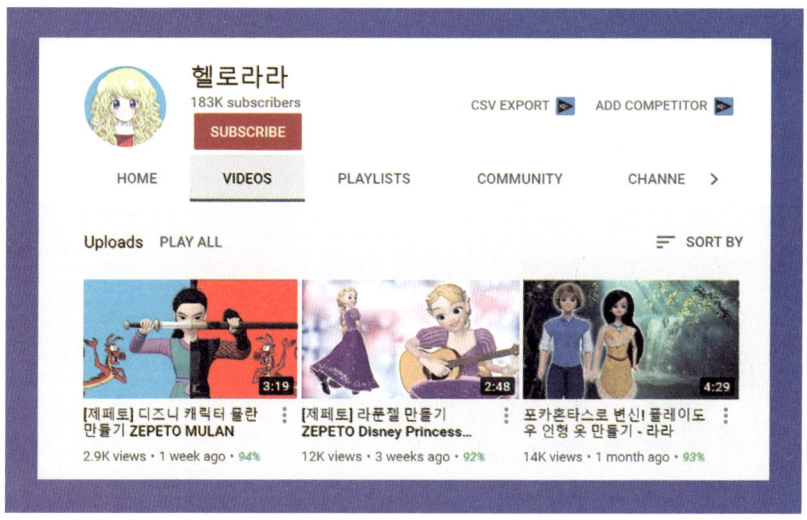

❼ Lala and Lulu

제페토 뮤직 비디오 채널로 구독자를 47만명 이상 보유한 가장 구독자가 많은 채널이에요. 헬로라라 채널의 해외 구독자용처럼 보여요. 헬로라라 채널처럼 바비인형 영상을 올리다가 최근 제페토 영상으로 전환한 것으로 보여요. 제페토 영상과 배경을 잘 조합한 영상이 참고하기 좋아요.

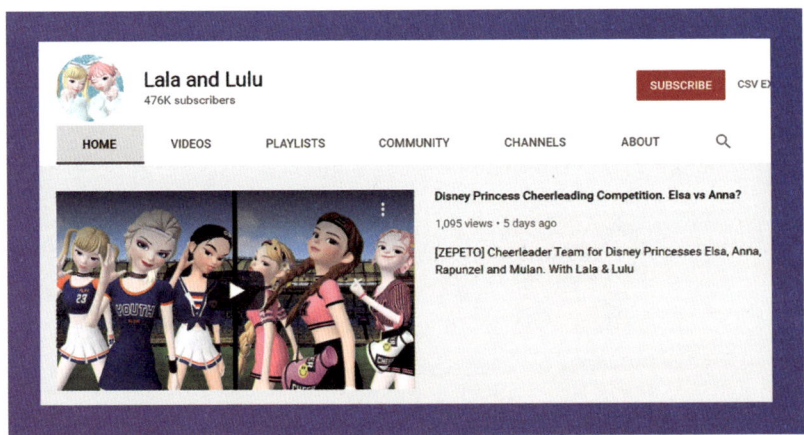

❽ MEIXI

해외 유튜버지만 영상을 만들 때 참고하면 정말 좋을 거 같아 소개해요. 제페토 영상과 이미지를 잘 조합한 표현력이 풍부한 제페토 드라마를 최근 선보이고 있어요.

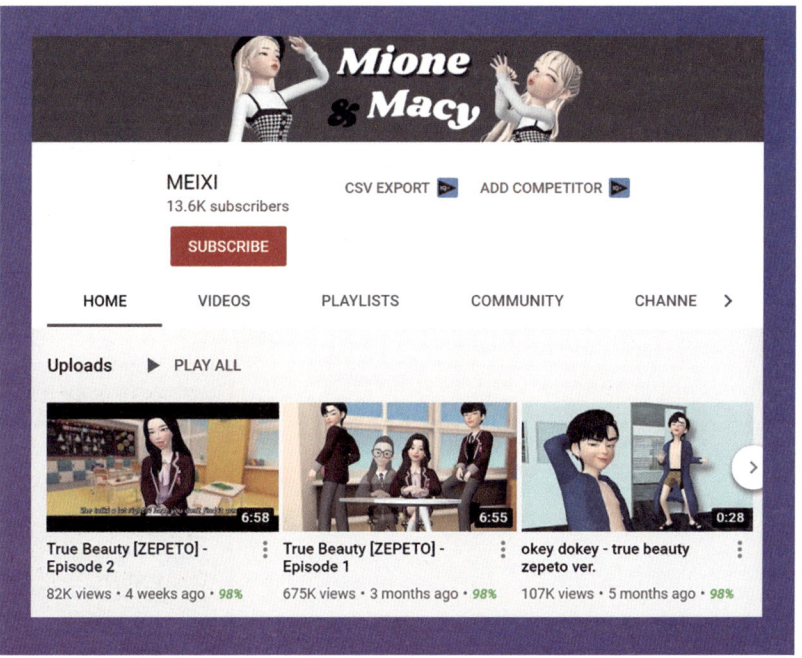

제페토를 활용하는 유튜브 콘텐츠 사례

해외 사용자 1 https://www.instagram.com/zepecha/

제페토에서 40만 명 가까운 팔로워와 인스타그램에서 2만 명이 넘는 팔로워를 보유한 유명 제페터예요. 제페토로 영상 콘텐츠를 만들어 공유하죠. 영상 콘텐츠 만드실 때 참고해 보세요.

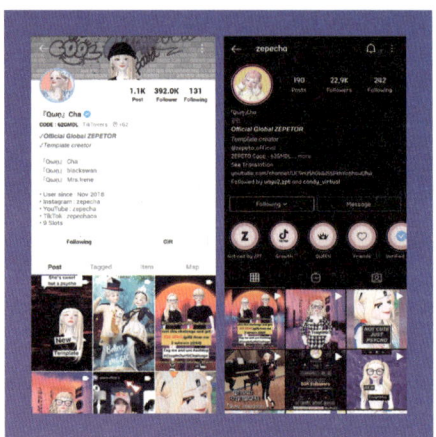

해외 사용자 2

https://www.instagram.com/unyu2.zpt/

제페토 영상 콘텐츠를 공유하는 남성 제페터예요. 여성들과 또 다른 영상 편집 스타일로 코믹한 영상을 주로 만들어요.

해외 사용자 3

https://www.instagram.com/candy_virtual/

제페토 영상과 실제로 자신이 춤을 추는 영상을 합성한 틱톡 영상이 인상적이에요. 인스타그램에서 팔로워 1만 명이 넘는 제페터예요.

참고하기 좋은 제페터들이야

Part 5 콘텐츠 어떻게 만들고 퍼뜨릴까?

　이 책을 시작할 때 '부캐' 이야기를 했어요. 설마 잊으신 건 아니죠? "제페토로 '**또 다른 나의 모습**'을 상상하며 캐릭터의 성격과 특징을 구체화하는 경험!" 아직 잘 모르겠다고요? 그럼, 이제부터 내 부캐를 찾는 방법에 대해 알아볼까요?

매일 꾸준히 콘텐츠를 올린다는 건 절대 쉬운 일이 아니에요. 특별한 일들이 계속해서 일어나는 것도 아니고 뭘 올려야 할지 난감하기만 해요. "대놓고 광고하면 안 된다." "너무 자랑질만 해도 안 된다." 이건 이래서 안 되고 저건 저래서 안 된다. 모두 안 된다는 소리만 하지 뭘 올려야 할지는 아무도 가르쳐 주지 않아요.

사실 누구도 어떤 콘텐츠를 만들고 올려야 하는지 알려 줄 수가 없어요. 내가 어떤 콘텐츠를 가졌는지는 본인 밖에 모르거든요. 딱 이렇게 해야 한다는 정답도 없죠. 뭐가 어떻게 터질지 아무도 모른다는 거예요. 그래서 이번에는 내 안에 잠들어 있는 콘텐츠를 끄집어내기 위한 '내 부캐 찾기'를 함께 해보려고 해요.

Chapter 16 내 부캐 찾기

　콘텐츠 하면 무엇이 떠오르시나요? 인터넷에 검색해 보면 주로 "좋은 콘텐츠를 만들기 위해서는 당신의 고객이 원하는 정보가 무엇인지 이해하고, 그 정보를 창의적이고 재미있게 제공해야 합니다."라는 문구와 함께 콘텐츠 아이디어를 찾는 방법과 좋은 콘텐츠의 정의 같은 것들이 나와요. 내용을 쭉 읽어보면, '뭔 소린지 알겠는데…' 정말 뭔 소린지는 모르겠죠?

　좋은 콘텐츠를 만들기 위해서는 콘텐츠를 기획하기 전 해야 할 준비가 있어요. 바로 주제를 정하는 거죠. 주제가 정해져야 아이디어도 찾고 디자인도 결정할 수 있거든요. 가장 중요하고 가장 어려운 일이죠. 보통 유튜브, 인스타그램, 블로그와 같은 SNS를 시작할 때 가장 많이 듣게 되는

조언은 '내가 좋아하는 주제를 하라'일 거예요. 하지만 내가 좋아하는 것을 찾는 일이 그리 쉽던가요? 또 내가 좋아한다고 해서 다른 사람들도 좋아하라는 법은 없잖아요.

그럼에도 불구하고 주제는 내가 좋아하는 주제로 시작하는 것이 좋아요. 내 콘텐츠를 좋아할 만한 사람들은 나와 비슷한 취향이나 관심을 가진 사람들일 확률이 높기 때문이죠. 전문가들이 강조하는 '고객이 원하는 정보', 내가 그 고객이라면 쉽게 파악할 수 있잖아요. 꼭 전문가가 되어 꼰대처럼 "내가 알려줄게!"라기보다는 서로 궁금한 것을 물어보고 정보를 교환하는 것도 좋은 콘텐츠가 될 수 있어요. 댓글이 많이 달린 콘텐츠를 보면 누군가의 질문에 답을 달아 주고 싶어 하는 사람들이 얼마나 많은지 알 수 있죠. "혹시 아시는 분, 댓글로 알려 주세요." 이 한 마디의 위력을 절대 무시해서는 안 돼요.

그럼 이제부터 좋아하는 것을 찾는 방법에 대해 알아볼까요? 좋아하는 것은 취미가 될 수도 있고 관심 분야가 될 수도 있어요. 가장 쉽게 내가 좋아하는 것을 찾는 방법은 신용카드 명세서를 확인하는 거예요. '나는 어디에 가장 많은 돈을 쓰고 있는지?' 살펴보세요. 가

족이나 다른 사람들 말고 온전히 나를 위해 돈을 쓴 곳만 찾아보는 거예요. "난 카드 없는데…?" 하시면 안 돼요. 무슨 뜻인지 아시죠? 옷, 음식, 영화, 책, 여행, 음악 등 다양한 주제들이 떠오를 거예요. 그중에서 다시 돈을 쓰고 후회하지 않았던 것들만 찾아보세요. 그리고 후회한 것이 있다면 왜 후회했는지도 기록해 두면 좋아요. 나중에 "내가 돈 쓰고 후회한 것들" 같은 콘텐츠가 될 수 있거든요.

그래도 모르겠다면 두 번째 방법은 내 책꽂이에 가장 많이 꽂혀 있는 책이 어떤 분야의 책인지 살펴보는 거예요. 여기서 중요한 것은 특별한 목적 없이 순수하게 관심이 있어 구매한 책이어야 해요. 집에 책이 거의 없다면 서점에 가보세요. 나도 모르게 발길이 멈추는 코너가 있는지 살펴보세요.

마지막으로 한번 시작하면 시간 가는지 모르고 하게 되는 일이 있다면 그건 정말 좋아하는 일이겠죠. 주제가 너무 많아 걱정이시라고요? 걱정 마세요. 이제 내가 좋아하는 주제들을 다른 사람들도 관심 있어 하는지 확인해 볼 차례거든요.

이번엔 얼마나 많은 사람이 내가 좋아하는 주제에 관심이 있는지 알아보는 방법을 알려 드릴게요. 첫 번째 방법은 구글에 주제들을 검색해 보는 거예요. 컴퓨터에서 구글에 접속해 검색하면 검색된 내용 상단에 검색된 결과가 몇 개나 되는지 숫자가 나오거든요. 스마트폰에서 검색하면 숫자가 나오지 않으니 꼭 컴퓨터에서 검색해 주세요. 그 숫자가 높을수록 관심 있는 사람들이 많다는 뜻이에요. 두 번째 방법은 내가 사용하고 있는 SNS에서 연관 검색어까지 포함해 해당 주제와 관련된 태그에 얼마나 많은 게시물이 있는지 검색해 보는 거예요. 게시물이 많다는 건 그만큼 그 주제에 관심 있어 하는 사람들이 많다고 할 수 있죠. 이제 어떤 주제로 콘텐츠를 만들면 좋을지 감이 오시나요?

꼭 다른 사람들의 관심이 많은 주제로만 해야 한다는 건 절대 아니에요. 부캐가 하나일 필요는 없잖아요? 우리의 관심 분야는 언제든 계속 변할 수 있어요. 하지만 내가 진짜 좋아하는 것은 잘 안 바뀌죠! 내가 정말 좋아하는 분야라면 틈새시장을 공략하는 것도 좋을 거예요. 인기 있는 분야와 틈새시장을 각각 하나씩 공략해 보는 것도 좋은 전략이 될 수 있어요.

주제가 어느 정도 정해졌다면 이번에는 내가 잘하는 것을 찾아볼게요. "좋아하는 일은 돈이 안 된다"는 얘기 많이 들어 보셨죠? 콘텐츠가 돈이 되기 위해서는 내가 잘하는 것과 좋아하는 것을 융합할 수 있어야 해요. 좋은 콘텐츠를 만들어 꾸준히 올린다고 해서 모든 콘텐츠가 돈이 되는 건 아니거든요. 콘텐츠는 어디까지나 나를 알리기 위한 부수적인 것으로 생각하셔야 해요. 돈이 되는 건 콘텐츠 자체가 아니라 콘텐츠를 통해 나를 알게 된 사람들이 구매하게 될 서비스나 제품이거든요. 인스타그래머가 공동 구매를 하고, 블로거가 책을 내고, 유튜버가 강의한다는 이야기 많이 들어 보셨죠? 콘텐츠가 돈이 되기 위해서는 내가 좋아하는 일뿐만 아니라 잘하는 일도 살려야 해요.

　내가 잘하는 것은 다시 말해 재능이나 특기이죠. 재능은 보통 선천적으로 가지고 타고난 능력, 특기는 후천적으로 습득해서 얻게 된 특정 분야의 기술이라고 할 수 있어요. 특기는 특별히 설명하지 않아도 잘 아실 거예요. 여기서는 나만이 알 수 있는 선천적으로 타고난 재능을 찾는 방법을 알아 볼게요. 생각보다 어렵지 않으니 잘 따라와 주세요.

　남들은 어려워하는 일이지만 나는 쉽게 할 수 있는 일이 있나요? 다른 사람들이 내게 자주 도와 달라고 하거나 어떻게 하는지 물어 보는 일이 있다면 내가 잘하는 일이라는 증거예요. 또 남들이 잘하지 못하면 '왜 그것도 못 하지?' 답답하고 이해가 되지 않는 것이 있다면 그건 내가 잘하는 일이기 때문이죠. '왜 이걸 이렇게 하지? 나라면 저렇게 할 텐데…' 하는 것이 있다면 그런 것도 타고난 재능이에요. 그래도 잘 모르겠다면 주변 사람들에게 "네 생각엔 난 뭘 잘하는 것 같아?"라고 물어 보세요. 의외로 내가 발견하지 못한 대답이 나올 수 있어요. 내겐 너무 당연해서 잘한다는 생각조차 없을 수 있죠. 나에게 쉽다고 다른 사람에게 쉬운 것은 절대 아니거든요.

너무 추상적이라고요? 그럼 저를 예로 들어 설명해 볼게요. 저는 디지털 기기를 잘 다루는 편이에요. 디지털 분야는 너무 다양해서 모두 잘하는 건 아니지만, 제게 필요한 정보를 쉽게 찾고 배우죠. 공부?! 저는 보통 '삽질'이라고 부르는데 독학도 제 재능이에요. 지금 사용하고 있는 컴퓨터 스킬은 모두 혼자 인터넷에서 배웠어요. 관심이 가는 분야가 생기면 무조건 찾아내 어떻게든 해보는 '삽질 덕후'죠. 최면을 배운다고 클래스를 찾아내 마이애미까지 혼자 비행기를 두 번이나 갈아타고 날아갔을 정도라면 감이 오시죠? 고민을 상담해오는 친구들도 많아요. 제가 이야기하면 쉽게 이해가 되고 설득력 있게 들린다는 소리도 많이 들어요. 도움이 필요할 때 제게 물으시는 어르신들도 꽤 계세요. 제가 어르신들과 이야기를 잘하는 편이라 그런지 제가 편하다고 하시더라고요. 물론 남들이 보기엔 쓸데없어 보이는 것도 많지만, 그것들이 모이고 합쳐져 지금 제게 밥을 먹여 주고 있거든요.

단점도 장점이 될 수 있어요. 단점을 뒤집으면 장점이라는 말도 있죠? 저는 사실 어릴 때 왕따였어요. 그래서 혼자 노는 법을 배웠죠. 혼자 있다 보면 사람에 대해 궁금해지는 것 같아요. 어릴 때는 책을 별로 좋아하지 않았지만, 심리학책은 많이 읽었거든요. 최근에는 철학에도 관심이 생겨 심리학과 함께 가장 많이 읽고 있는 분야예요. 그런데 요즘 이 두 분야가 인공지능 때문에 뜨고 있는 분야라고 하잖아요! 앞으로 자기성장 코치가 되는 게 제 꿈이거든요.

고집도 센 편이라 남의 말을 더럽게 안 들어요. 남들이 뭐라고 하든 별로 신경 쓰지 않고 밀고 나가는 추진력이 고집에서 나오는 것 같아요. 평소에 가장 많이 듣는 소리가 "그거 해서 뭐하게? 그냥 좀 편하게 살아!"거든요. 왠지 남들이 하지 말라고 하면 더 잘해서 보여 주고 싶은 청개구리 같은 면도 있는 것 같아요. 이렇게 단점이지만 장점이 될 수 있는 것이 있는지 찾아보거나, 내 단점을 장점으로 만들 방법은 없는지 한번 생각해 보세요. 이런 것들이 "여러분은 어떠세요?" 같은 공감을 이끌어 내는 아이디어가 될 수도 있거든요.

이미 가지고 있는 지식이나 전문 분야가 있다면 부캐로 살려 볼 수도 있어요. 여기서 주의해야 하는 건 부캐를 '전문가로서 포지셔닝할 것인가?' 아니면 '전문 지식을 무기 삼아 전혀 다른 분야로 확장할 것인가?' 미리 결정하고 시작하는 것이 좋아요. 이런 분께는 "닥터프렌즈"라는 유튜브 채널이 좋은 예시가 될 수 있겠네요. 3명의 현직 의사들이 함께 유튜브를 운영하고, 그 중 한 명은 의학 관련 웹소설을 쓰고 있다고 하니 두 마리 토끼를 동시에 잡고 있다고 할 수 있겠죠.

아무리 찾아도 '난 잘하는 것이 없어'라는 분도 너무 걱정 마세요. 아직 찾지 못했을 뿐, 지금까지 잘 살아오셨으니 분명 내가 모르고 있는 무기가 숨겨져 있을 거예요. 콘텐츠를 만들며 다양한 스킬을 배우고 사용하다 보면 자연스럽게 새로운 나의 재능을 발견할 수 있지 않을까요?

주제가 어느 정도 정해졌다면 이제 콘텐츠를 만들 아이디어를 찾아봐야죠. 콘텐츠 아이디어를 찾는 방법은 주제를 SNS에서 검색해 보는 거예요. 관련된 콘텐츠를 둘러보며 아이디어를 수집하세요.

　세상에 새로운 것은 없어요. 좋은 정보들을 모아 정리해서 나만의 스타일로 새롭게 디자인해 보세요. 부족한 정보가 있다면 보안하고 불필요한 것이 있다면 빼 보는 거죠. 그렇게 조금씩 나만의 스타일을 만들어 가다 보면 점점 성장하고 있는 나를 발견하게 될 거예요.

Chapter 17 캐릭터 마케팅

　우리가 제페토 캐릭터를 활용해 콘텐츠를 만들고자 하는 이유는 뭘까요? 아마도 예쁘고 귀여운 캐릭터가 사람들에게 친근감과

흥미를 유발할 수 있기 때문이겠죠. 딱딱하고 지루한 지식이나 정보도 캐릭터를 활용한 콘텐츠로 부드럽고 재미있게 전달할 수 있잖아요. 이제 내 부캐도 정했으니 제페토로 만든 내 캐릭터에 함께 생명을 불어넣어 볼까요?

최근 다양한 캐릭터가 마케팅에 활용되고 있어요. 캐릭터 마케팅에서 제일 중요한 것은 캐릭터의 이미지겠죠. 그렇다면 캐릭터의 이미지는 어떻게 만들어지는 것일까요? 캐릭터의 겉모습도 중요하지만 예쁘고 귀엽다고만 해서 모든 캐릭터가 성공하는 건 아니잖아요. 캐릭터 이미지를 좌우하는 건 캐릭터의 성격이죠. 그렇다면 캐릭터의 성격은 도대체 어떻게 설정해야 할까요?

혹시 빙그레의 빙그레우스를 아시나요? 빙그레우스는 빙그레가 약 3개월에 걸쳐 준비한 캐릭터라고 해요. 지금은 폭풍 나르시즘과 허당미가 매력적인 엄청난 비주얼의 캐릭터지만, 처음엔 그저 까다로운 완벽주의 상사를 생각했었다는 이야기 들어 보셨나요? 빙그레우스를 보고 있으면 캐릭터 설정이 얼마나 중요한지 한 눈에 보이실 거예요. 캐릭터 마케팅에 성공한 다양한 캐릭터들을 직접 찾아서 살펴보면서 내 캐릭터에겐 어떤 성격과 역할을 부여하면 좋을지 생각해 보세요.

우리는 친숙한 것을 선호하는 경향이 있어요. 어떤 일을 결정할 때 무의식적으로 기억 속에 내재된 정보를 바탕으로 의사결정을 내리는 경우가 대부분이죠. 사람들의 의식 속에 캐릭터 이미지를 각인시키는 것은 그래서 중요한 거예요. 여기서 우리가 활용할 수 있는 것이 바로 스토리예요. 특정 정보를 전달할 때 스토리보다 좋은 수단은 없거든요. 재미도 있고 유익하기까지 한 이야기는 계속해서 회자되는 전래동화처럼 우리의 의식 속에 자연스럽게 스며들죠. 스토리 없는 캐릭터는 '속 없는 만두!'

큰 기업들 이야기만 하면 캐릭터 마케팅이 어렵게 느껴지시죠? 그래서 여기서도 잠시 제 이야기를 해볼까 해요. 저는 이제 겨우 팔로워가 1,300명이 조금 안 되는 인스타그램을 운영하고 있어요. 많은 팔로워를 확보한 인플루언서라고는 할 수 없지만, 2020년 3월부터 시작해 별다른 팔로워 늘리기 활동 없이 늘어난 것이니 나쁜 성적은 아니라고 생각해요. 더구나 이상한 계정들은 보안을 위해 바로 블럭 하거든요. 인스타그램을 시작한 건 온라인 수업을 들으면서였어요. 요즘 SNS 마케팅이 '핫'하다 보니 배워두면 회사 일에 도움이 될 것 같았거든요. 한마디로 공부를 위해 만든 연습 계정이었죠. 그런데 정말 올릴 게 없더라고요.

제페토를 활용하기 시작한 건 작년 2020년 10월부터였어요. 그땐 캐릭터 마케팅 같은 거 전혀 모르고, 그냥 캐릭터가 좋아서 캐릭터를 '나'로 생각하고 시작했어요. 제 캐릭터를 본 오랜 친구에게 "이거 진짜 행동하는 것까지 딱 넌데!"라는 소리를 들었으니 성공한 거라고 할 수 있겠죠?

계정 이미지에 맞게 긍정 메시지를 전하고 싶었어요. 그날그날 올린 메시지에 따라 떠오르는 생각들도 함께 기록했죠. 그렇게 저처럼 활기차고 에너지 넘치는 캐릭터가 탄생했어요. 제 생각을 기록할 수 있어서 좋았고 가끔 '힘이 된다'는 댓글이 좋았어요. 계속해서 제페토 캐릭터를 활용한 콘텐츠를 올렸더니 어느새 "제페토 전문가"라는 타이틀까지 얻었죠. 그리고 이렇게 책까지 쓰게 되었네요.

앞에서도 이야기했지만, 캐릭터를 마케팅에 활용하는 이유는 바로 친근감을 주기 위해서예요. 그럼 친근감을 형성하는 요소들은 무엇일까요? 귀여운 외모? 앙증스런 애교?! 재치 있는 유머!

"아니, 이럴 수가! 이 모든 요소들을 제페토가 이미 다 가지고 있잖아요!"

그럼, 이제 우린 뭘 하면 될까요? 스토리를 입혀 주세요. 결국 스토리가 캐릭터의 성격을 결정하니까요.

혹시 피노키오를 만든 할아버지의 이름이 제페토라는 사실 알고 계셨나요? 스펠링은 다르지만, 제페토는 피노키오의 할아버지 이름에서 따온 거래요. 제페토 할아버지가 나무를 깎아 피노키오를 만들고 나중에 피노키오가 진짜 소년이 된 것처럼, 메타버스에선 제페토로 만든 내 캐릭터가 살아 움직여요. 이제 내 캐릭터에게 생명을 불어넣어 진짜로 만드는 건 나의 몫이겠죠.

먼저 이런 질문으로부터 시작해 보는 건 어떨까요?

'난 내 캐릭터로 무슨 이야기를 전하고 싶은 걸까?'

누구에게나 나만의 스토리가 있어요. 저마다 전할 수 있는 이야기도, 전하고 싶은 이야기도 다를 거예요. 그런 스토리를 내 캐릭터에 녹여 보세요. 그런 것들이 모여 캐릭터에게 생명을 불어넣어 줄 테니까요.

사람들과 친근감을 형성하는 가장 좋은 방법은 자주 만나는 거래요. 꾸준히 콘텐츠를 만들어 올려 보세요. 자꾸 봐야 정들어요. 무엇보다 꾸준한 노력이 필요하다는 사실 잊지 마세요.

캐릭터를 활용한 SNS마케팅 사례

빙그레 https://www.instagram.com/binggraekorea/

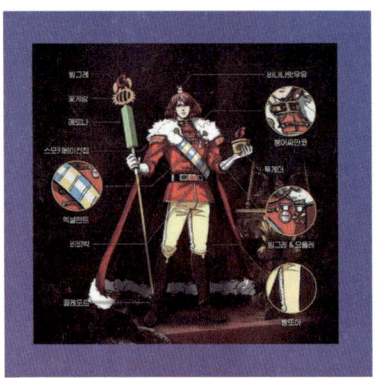

이제 모르는 사람이 없을 빙그레 우스로 빙그레 제국을 새롭게 건설한 최강 캐릭터죠.

울산큰애기 https://www.instagram.com/iam_ulsankeunaegi/

울산 중구의 대표 캐릭터. 네이버 자회사 '라인'의 모바일 메신저 이모티콘으로 한국어, 영어, 일본어 버전으로 세계로 진출했죠.

진로 https://www.instagram.com/official.jinro/

두꺼비 소주 진로의 귀여운 두꺼비 캐릭터. 여친 핑크 두꺼비와 함께 캐릭터 상품으로도 인기죠.

웃맨 https://www.instagram.com/hero_okman/

OK저축은행의 무한 긍정 슈퍼히어로 캐릭터 웃맨.
"OK"를 돌려서 한글의 "웃"이 되었다고 하네요.

Chapter 18 SNS마케팅

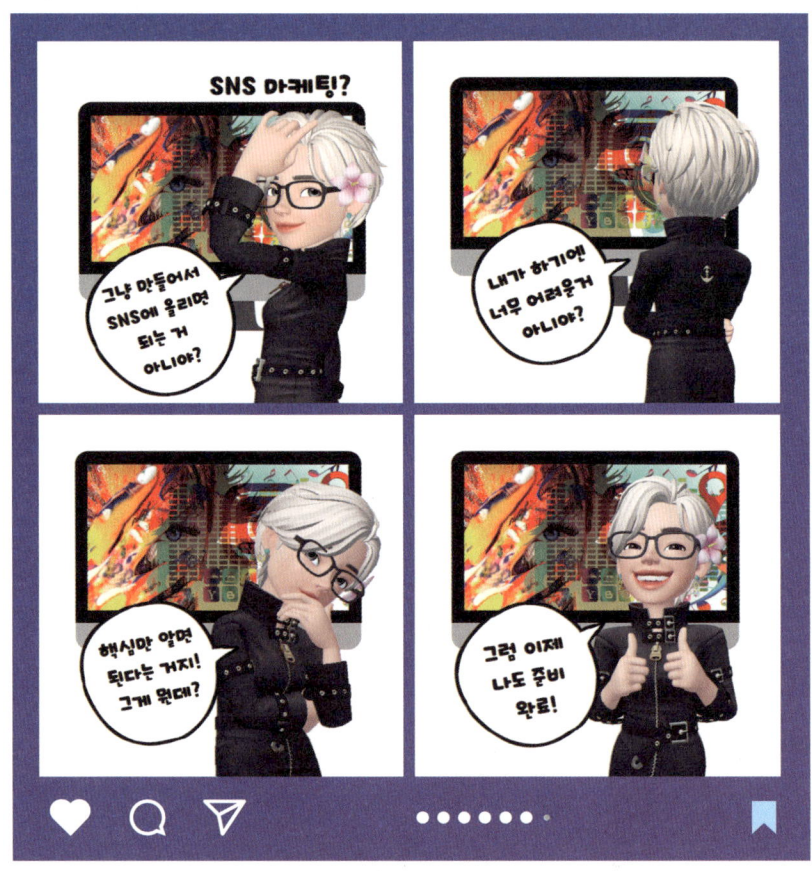

 정성 들여 내 콘텐츠를 완성했다면 많은 사람이 볼 수 있도록 퍼뜨려야죠. 이제 인스타그램, 블로그, 틱톡, 유튜브 등 다양한 SNS

에 내 콘텐츠를 공유해 보세요. 이번에는 내가 만든 콘텐츠를 어떻게 하면 효과적으로 퍼뜨릴 수 있을지 SNS 마케팅에 대해 알아볼까요?

요즘 SNS 한두 개쯤 한 번도 사용해 보지 않은 사람은 거의 없겠죠? 유튜브라도 보고 있잖아요. 그럼 SNS 마케팅에 대해서도 한두 번은 들어 보았을 거예요.

SNS 마케팅을 간단하게 설명하면 블로그, 인스타그램, 유튜브, 페이스북과 같은 SNS에 제품이나 서비스를 홍보하는 콘텐츠를 만들어 공유하는 것을 말해요. 특히 최근 들어 SNS 마케팅 관련 책들이 엄청나게 쏟아져 나오고 있죠. 누구나 시작할 수 있지만 아무나 성공하긴 쉽지 않기 때문일 거예요.
SNS 마케팅은 사실 전문 마케터들에게도 어렵다고 해요. 초기에는 성장이 더디고 별다른 성과가 없어 보이거든요.

'나 같은 일반인이 하기엔 너무 어려운 거 아니야?'라는 생각이 드신다고요? 하지만 그 반대일 수도 있어요. SNS 마케팅에서 가장 중요한 것이 뭘까요? 그건 바로 사람이에요. 혹시 지금 SNS 계정을 운영하고 있다면 왜 하세요? 만약 SNS 계정을 운영하지 않고 있다면 운영하는 사람들에게 한번 물어보세요. 대부분은 '주변 사람들과 소통하고 싶어서'라고 대답할 거예요.

우리는 광고를 보기 위해 TV를 켜지 않아요. 드라마나 영화, 좋아하는 예능 프로그램을 보기 위해 TV를 켜죠. SNS도 마찬가지예요. 사람들은 광고를 보기 위해 SNS 하는 것이 아니라는 거죠. 전문 마케터들이 SNS 마케팅을 어려워하는 이유가 바로 여기에 있어요. 전문가들은 사람이 아닌 특정 제품이나 서비스로 접근해야 하잖아요. 일반인들은 먼저 소통을 통해 인지도와 신뢰를 쌓고 자신이 원하는 제품이나 서비스를 소개할 수 있죠. 그런 측면에선 오히려 유리하다고 할 수 있어요. 자신이 원하는 제품이나 서비스가 아니면 소개할 필요가 없으니까요. SNS 인플루언서를 마케팅 업계에서 주목하게 된 이유죠.

우리는 항상 마케팅의 자극에 노출되어 있어요. 그런 노출에 우리는 의식적으로든 무의식적으로든 영향을 받죠. 우리가 마케팅에 대해 알아야 하는 이유가 여기에 있어요. 마케팅을 알아야 그런 마케팅에 이용당하지 않고 효과적으로 활용할 수 있잖아요. 여기서는 마케팅을 위한 SNS 계정을 운영하기 전에 꼭 알아야 할 핵심 전략 5가지를 살펴볼게요.

❶ 정확한 목표 설정하기

마케팅을 위해 SNS를 운영하려고 한다면 SNS를 운영하는 목표가 확실해야 해요. SNS 마케팅을 통해 얻고자 하는 목표는 다음 3가지로 생각할 수 있어요.

① **브랜드 인지도** 팔로워 증가, 도달률, 노출, 트래픽
② **참여** 좋아요, 공유, 댓글, 질문, 리포스트
③ **커뮤니티 구축** 콘텐츠 인게이지먼트, 커뮤니티 멤버들의 질문, 충성고객 확보

SNS 마케팅을 처음 시작하는 일반인이라면 브랜드 인지도가 목표가 될 수 있어요. 여기서 이야기하는 브랜드 인지도는 나를 브랜

드화하는 퍼스널 브랜딩을 생각할 수 있죠. 예를 들어 세탁소를 운영하는 유튜버 "세탁설"은 자신을 세탁 전문가로, 90년생 밀레니얼 "드로우앤드류"은 SNS 마케팅과 퍼스널 브랜딩 코치로 자신을 브랜딩하여 성공한 사람들이죠.

브랜드 인지도가 높아지면 참여율도 자연스럽게 올라가요. 가끔 이모티콘 같은 선물을 활용한 이벤트로 참여율과 노출률을 높일 수도 있어요. 팔로워가 늘고 팬들이 생기면 고급정보만을 공유하는 커뮤니티를 구축하는 것도 좋은 전략이 될 수 있죠.

❷ 타깃 결정하기

목표 설정이 끝났다면 다음은 누구를 위해 콘텐츠를 제작할지 정해야 해요. 타깃 청중의 니즈와 그들이 어디서 주로 시간을 보내는지에 따라 콘텐츠와 SNS 채널을 결정할 수 있어요. 타깃을 구체적으로 파악할수록 효과적으로 소통하는 데 도움이 되죠. 타깃 청중을 결정할 때 가장 기본적으로 고려해야 할 사항은 연령, 성별, 교육 수준, 직업, 취미, 거주지 등이 있어요.

SNS 마케팅에서 현재 가장 주목받는 타깃 연령은 1980년대 초반 ~2000년 사이에 출생한 밀레니얼와 1995년 이후 출생한 Z세대예요. 이들은 SNS를 활용한 소비에 적극적이며 두 세대를 합치면 인구 전체 비중의 44%에 육박하거든요. 이 두 세대를 합쳐 'MZ세대'라고 부르지만, 그들의 소비 방식이나 선호도에서 큰 차이를 보이죠.

　　타깃을 선정할 때는 이러한 특징들을 잘 파악하여 결정하는 것이 중요하다는 점 잊지 마세요. 더 자세한 정보를 찾을 수 있는 곳들을 이 챕터 마지막에 정리해 두었으니 참고해 주시기 바랍니다.

❸ SNS 플랫폼 분석하기

　　SNS는 플랫폼의 특성에 따라 사용자의 성격과 관심사가 전혀 달라요. 예비 창업자나 소상공인들이 SNS 운영에 어려움을 겪는 이유죠. 공들인 시간만큼 마케팅 효과를 보지 못한다면 정말 속상하겠죠! 그런 일을 방지하기 위해 각 플랫폼을 분석하고 플랫폼과 사용자 특성에 따라 운영 방법을 달리해야 해요. 아무리 유용한 콘텐츠를 만들어도 SNS 플랫폼의 특성을 무시한 채 열심히 콘텐츠만 올린다면 실패할 수밖에 없거든요.

나는 어떤 SNS를 어떻게 사용하고 있는지?, 왜 다른 사람의 계정을 팔로우하는지?, 어떤 콘텐츠를 보고 '좋아요'를 누르는지? 한 번 생각해 보는 것부터 시작해 보세요. SNS에서 영향력을 가진 일반인이 되고 싶다면 플랫폼 분석과 전략은 필수거든요. 주요 SNS 플랫폼의 특징은 다음 쳅터에서 다룰 예정이니 참고해 주세요.

❹ 콘텐츠 만들기

콘텐츠를 만들기 전에 필요한 것이 있죠? 바로 '무엇을 올리나?' 하는 거예요. 우리에겐 마케팅이라는 목적이 있으니 아무거나 올린 순 없잖아요? 우린 이미 "내 부캐 찾기"에서 내 콘텐츠 주제를 어느 정도 정했어요. 그럼 이제 내가 정한 타깃의 라이프 스타일을 생각해 키워드를 수집하세요.

키워드를 수집하는 방법은 먼저 내가 알고 있는 키워드를 적어

보는 거예요. 그렇게 적은 키워드를 다양한 SNS와 포털사이트에서 검색해 보고, 검색된 내용이 내 타깃의 성향과 일치하는지 검증해야 해요. 연관 검색어는 2차 키워드로 해시태그나 콘텐츠 제목으로 활용하면 좋겠죠. 그렇게 검증된 키워드만 최종적으로 선별해 두면 콘텐츠를 만들 때 참고할 수 있어요.

SNS 마케팅에서 콘텐츠는 사람들을 이어주는 '다리' 역할을 해요. 전달하고자 하는 메시지의 목적에 따라 콘텐츠는 홍보성, 정보성, 소통성으로 구분할 수 있죠. SNS에 공유할 수 있는 콘텐츠의 형태도 글, 이미지, 영상 등 무궁무진해요.

매일 매일 엄청난 양의 콘텐츠가 쏟아지고 있는 가운데 콘텐츠 수명을 연장하려면 '좋은 콘텐츠' = '공유가 잘 되는 콘텐츠'를 만들 수 있어야 하죠. 좋은 콘텐츠에 '이게 정답'이라는 건 없지만, 인기 있는 콘텐츠를 살펴보는 것도 도움이 될 거예요. 아래 간단히 정리한 내용을 참고해 자신만의 콘텐츠를 만들어 보세요.

① **인포그래픽** 시각적인 이미지가 돋보이는 정보성 콘텐츠

② **목록** '~하는 5가지'처럼 제목에 숫자가 들어간 잘 정리된 콘텐츠

③ **참여** 캠페인이나 이벤트를 활용해 리포스팅, 공유, 댓글 등 참여를 이끌어내기 위한 콘텐츠

④ **사례** 케이스 스터디, 일상의 에피소드, 성공사례를 통해 전달하고자 하는 메시지를 재미있고 생생한 이야기로 전달하는 콘텐츠

⑤ **꿀팁/가이드** 문제 해결 절차나 노하우를 담은 유용한 정보로 시리즈로 기획할 수도 있는 콘텐츠

⑥ **개인의 이야기** 독자의 마음을 움직이는 개인의 경험, 의견, 제안 등을 담은 콘텐츠

❺ 소통으로 신뢰 쌓기

SNS의 꽃은 역시 소통! SNS 마케팅에서 활발한 소통을 통해 신뢰를 쌓는 것은 기본 중의 기본이죠. 콘텐츠를 만들기 위해 수집해 둔 키워드를 SNS에서 검색해 보면 키워드에 관심이 있는 사용자들을 찾을 수 있어요. 처음 SNS를 시작하게 되면 좋은 콘텐츠를 만드는 것 외에도 정성을 들여 팔로워를 수집해야 해요. 타깃의 계정을 직접 방문해 게시물에 '좋아요'와 '댓글'로 유대감을 형성하고 내 계정에도 관심을 가질 수 있도록 만들어야 해요. 이 부분이 가장 노력과 시간이 많이 들어가는 부분이라고 할 수 있어요.

초반에 어느 정도 팔로워가 모이면 팔로우 늘리기 활동을 하지 않아도 콘텐츠와 댓글로 꾸준히 소통하면 조금씩 팔로워가 늘어나죠. 이때부터 중요한 건 소통이에요. 대부분의 SNS는 많이 소통하는 만큼 많이 노출 시켜주거든요. 한마디로 많이 '좋아요'와 '댓글'을 단 사람의 게시물을 더 많이 보여준다고 할 수 있죠. 잦은 소통이야말로 내 콘텐츠를 더 많이 노출시킬 수 있는 기회라는 사실 잊지 마세요. 여기서 주의해야 할 것이 하나 있어요. 절대 댓글 '복사&붙

여넣기'는 하시면 안 돼요. 대부분의 SNS에서 이런 팔로워 늘리기 활동을 금지하고 있거든요. 인공지능으로 검사해 이런 활동이 포착되면 계정이 정지당할 수 있으니 명심하세요!

마지막으로 SNS 마케팅에서 절대 잊어서는 안 되는 것이 하나 있어요.

SNS는 "사람들과 교류하고 소통하는 공간"이라는 사실이에요. 사람들은 SNS에 올라온 콘텐츠가 유용한 콘텐츠인지, 무분별한 광고인지도 구별 못 하는 바보가 아니에요.

소통을 가장한 광고는 오히려 힘들게 쌓아 올린 이미지를 한순간에 망칠 수도 있다는 점 잊지 마세요. 제품이나 서비스를 소개하는 콘텐츠를 만들 때는 항상 이 콘텐츠가 서로에게 도움이 되는 내용인지 진정성 있게 생각해 보시기 바라요.

정보 찾기 꿀팁

신문 기사에는 자료 출처가 포함되어 있어요. 관심 있는 분야의 정보를 찾았을 때는 자료 출처를 확인하고 직접 출처를 검색해 찾아보세요. 조금만 관심을 가지면 자세하고 다양한 정보를 무료로 얻을 수 있는 곳이 정말 많아요. 이런 것들이 모두 콘텐츠 재료가 될 수 있죠. 또 유튜브 영상을 볼 때 상세 설명이 있는지 확인해 보세요. 의외로 유용하고 다양한 정보들을 발견할 수 있어요. 아래 정리된 곳들은 제가 그렇게 찾아낸 곳들이에요. SNS 계정을 운영할 때 참고가 되시길 바라요.

키워드 분석 정보

블랙키위 https://blackkiwi.net/

키자드 https://keyzard.org/

오디피아 https://odpia.org/main.odpia

썸트렌드 https://some.co.kr/analysis/keyword

App Ape (앱에이프) https://ko.lab.appa.pe

디지털 미디어 트렌드 분석 정보

App Ape (앱에이프) https://ko.lab.appa.pe

닐슨코리아클릭 http://www.koreanclick.com/

DMC미디어 http://www.dmcmedia.co.kr/

경제 트렌드 분석 정보

LG경제연구원 http://www.lgeri.com

심정KPMG 경제연구원 https://home.kpmg

현대경제연구원 http://www.hri.co.kr

MZ세대 분석 정보

브런치 - 김용태 https://brunch.co.kr/@thesmc#articles

　콘텐츠라는 녀석이 그냥 사진이나 한 장 찌~익 찍어 올리는 거라면 얼마나 편하고 좋을까요? 사실 그것도 매일 매일 한다는 건 쉬운 일은 아니지만요. 직접 콘텐츠를 만들어 보신 분들은 잘 알고 계실 거예요. 단순히 사진 하나 찍어 이미지 하나 예쁘게 만들고, 짧은 영상 하나를 편집하는 데 얼마나 많은 시간과 노력이 들어가는지 말이죠. 하지만 그런 정성에도 불구하고 콘텐츠 트래픽은 보통 하루 이틀 반짝하고 사라져 버려요.

그래서 다양한 SNS 채널에 내 콘텐츠를 공유해야 해요. 이번에는 내 콘텐츠를 어디에 어떻게 공유하면 좋을지 알아볼게요.

Chapter 19 콘텐츠 공유하기

다양한 채널을 운영한다고 해서 각각 다른 주제로 콘텐츠를 만들 필요는 없어요. 하나의 콘텐츠를 다양하게 활용할 수 있죠. 한 가지 주제를 다양한 콘텐츠로 확장해 나갈 수 있거든요.

인스타그램에 올린 이미지나 짧은 영상은 블로그 이미지나 틱톡 영상으로 활용할 수도 있고, 블로그에 올린 글이 유튜브 영상 원고가 될 수도 있죠. 반대로 유튜브 영상이나 블로그 글을 인스타그램이나 틱톡에서 짧게 소개할 수도 있어요.

'같은 주제의 콘텐츠를 누가 보겠어?'라고 생각할 수도 있어요. 하지만 콘텐츠를 봐주시는 분들이 모든 SNS를 다 사용하는 건 아니거든요. 또 좋은 메시지를 반복해서 상기시키는 것도 필요해요. 앞에서도 이야기했지만, 자꾸 보면 사람들은 친근하게 느끼거든요.

여러 SNS를 각각의 SNS 특징에 따라 다양한 목적으로 활용할 수 있어요. 그렇다고 모든 SNS를 운영하라는 건 아니에요. 여러 SNS를 운영하면 다른 사람들이 내 콘텐츠를 볼 수 있는 기회가 늘어나죠. 모든 SNS를 다 잘 운영할 수 있다면 좋겠지만, 우리에겐 시간이 한정되어 있잖아요.

다양한 SNS를 운영하더라도 어디에 시간을 더 투자할지 메인 SNS를 결정해야 해요. 그렇게 하려면 각각의 SNS 특징을 알아야겠죠. 이제부터 주요 SNS의 특징과 활용법을 간단히 알아볼게요.

인스타그램

사진과 짧은 동영상, 긴 동영상, 라이브까지 거의 모든 콘텐츠를 공유할 수 있는 SNS예요. 주요 이용자 연령은 온라인 상품 구매율이 가장 높은 20대~30대로 요즘 가장 '핫'한 SNS라고 할 수 있어요. 여성 이용자의 비율이 남성보다 약간 높은 편이에요. 인스타그램은 계정 추가가 최대 5개까지 가능해요. 마케팅으로 사용하고 싶으시다면 비즈니스 프로필을 전환하거나 비즈니스 계정을 새로 만들 수도 있어요.

비즈니스 계정이라고 해서 특별히 요금을 내야 하는 것은 아니니 안심하세요. 필요하다면 유료 광고를 할 수 있는 기능과 내 계정을 분석해 주는 기능이 추가된 정도거든요. 비즈니스 계정으로 콘텐츠를 올리면 내 콘텐츠가 표시될 때 유료 광고를 할 수 있는 버튼이 나타나요. 하지만 절대 이걸 그냥 눌러서 유료 광고하시면 안 돼요! 설정하는 법을 모르고 그냥 하시면 요금 폭탄을 맞으실 수 있거든요. 유료 광고를 해 보고 싶으시다면, 꼭 별도로 인스타그램 마케팅을 공부하시기를 추천해 드려요.

인스타그램에서 가장 중요한 건 프로필 화면을 통일성 있게 꾸미는 거예요. 파트 4에서 콘텐츠에 통일감을 주기 위해 디자인을 정해두면 좋다고 말씀을 드린 거 기억하시죠? 사람들이 매력적으로 느낄 수 있는 프로필 화면으로 꾸며야 해요. 인스타그램은 특히 관심을 기반으로 하는 SNS예요.

자신의 콘텐츠에 관심 있는 분들이 쉽게 검색할 수 있도록 다양한 해시태그를 활용하는 것도 잊지 마세요. 페이스북과 같은 회사라서 계정을 연동하면 콘텐츠를 동시에 올릴 수도 있어요.

페이스북

예전보다는 영향력이 떨어졌다지만, 아직은 다양한 연령대에 많은 사람이 사용하는 SNS예요. 2020년 닐슨코리안클릭이 진행한 '국내 소셜미디어 연령별 이용자 조사'에서 10대들이 가장 선호하는 SNS로 페이스북이 뽑혔어요. 20대에겐 2위, 30대와 50대에게는 각각 3위로 나타난 것을 보면 아직까지는 페이스북의 영향력을 무시할 순 없겠죠. 여성보다 남성 사용자의 비율이 높은 편이에요. 남성들은 주로 정보를 얻기 위해 페이스북을 이용하는 것으로 나타났어요.

페이스북은 개인 프로필 계정과 기업이나 브랜드, 유명인들이 운영하는 '페이지'가 있어요. 예전에 사용하던 개인 프로필 계정을 그대로 사용하는 것이 싫으신 분들은 페이지로 별도의 계정을 만들어 활용해 보세요. 개인 프로필 계정은 하나밖에 못 만들지만, 페이지는 여러 계정을 목적에 따라 별도로 만들어 사용할 수 있어요.

페이스북에 글을 올릴 때는 40~80자 미만의 게시글이 가장 효과적이에요. 블로그 글을 요약해 올리거나 블로그 링크를 공유하는데 활용해 보세요. 앞에서도 말씀드렸지만, 페이스북은 인스타그램과 같은 회사죠. 인스타그램과 마찬가지로 유료 광고를 진행할 수도 있고, 페이스북과 인스타그램 계정을 연동해 인스타그램 광고를 페이스북에서 진행할 수도 있어요. 이런 기능들은 정말 복잡해서 활용하고 싶으시다면 꼭 별도로 공부하세요.

동영상으로 소통하는 SNS예요. 처음에는 1분 이내의 짧은 영상만 공유할 수 있었지만, 최근 올릴 수 있는 영상 길이를 최대 3분까지 연장했어요. 주요 사용자 연령은 10대~20대로 현재 가장 빠른 속도로 급부상 중인 SNS예요. 영상 촬영과 편집 기능이 모두 포함되어 있어 누구나 쉽고 빠르게 영상을 만들어 공유할 수 있어요. 틱톡의 강점은 팔로워가 많지 않아도 취향에 맞는 영상이 추천된다는 거예요. 인스타그램에 올리는 짧은 영상이나 유튜브 영상 하이라이트를 편집해 틱톡에 올려 보는 건 어떨까요? 짧은 영상은 사람의 시선을 끌어 궁금하게 만드는 데 특화되어 있죠.

네이버 블로그

네이버는 국내 최대 포털 사이트 아니겠어요. 정보 검색하면 역시 네이버 블로그죠. 다른 SNS와 달리 필요한 정보를 쉽게 다시 찾을 수 있는 장점은 블로그만의 매력이죠. 정보를 전달하고 공유하는 용도 외에도 내 지식을 정리하거나 보관하는 용도로 활용하는 분들도 많아요. 정보성 콘텐츠를 만드는 사람이라면 다른 SNS를 운영하고 있더라도 블로그는 꼭 함께 운영하는 것을 추천해 드려요.

▶ 유튜브

　한국인이 하루 중 가장 오랫동안 사용하는 앱으로 유튜브가 뽑혔다고 해요. 유튜브는 전 연령대에서 가장 많이 사용하는 SNS라고 할 수 있죠. 동영상 강의, 상품 리뷰, 교육, 오락 등 다양한 콘텐츠를 전 세계 사용자에게 전달하고 있죠. 최근에는 구글 다음으로 세계에서 인기 있는 검색 엔진으로 자리 잡았어요. 유튜브는 모든 SNS 중에서도 효과가 가장 강력하지만, 꾸준히 운영하기는 어려운 SNS라고 할 수 있어요. 유튜브를 시작하고 싶거나 하고 있다면, 내 유튜브 콘텐츠를 알리는 용도로 다른 SNS를 활용해 보세요. 유명 유튜버 중에서는 평소에는 인스타그램으로 일상을 공유하고 유료 회원을 모아 네이버 카페에서 소통하는 사람들도 많아요. 유튜브 영상을 인스타그램이나 페이스북 카드 뉴스로 만들어 공유하면 채널을 홍보도 하고 정보 전달도 할 수 있으니 일석이조 아니겠어요. 네이버TV와 카카오TV에 유튜브 콘텐츠를 동시에 공유해 보세요. 새로운 국내 서비스가 또 다른 사용자와 만날 수 있는 기회가 될 수 있겠죠.

운영하는 SNS가 늘어나면 관리가 어려워질 수밖에 없어요. 모든 SNS에 매달리면 죽도 밥도 안 돼요. 메인 SNS를 정해 메인에 더 많은 시간과 노력을 투자하세요. 다른 SNS는 특징에 따라 사용 목적을 미리 정하고, 계획을 세워 관리하는 것을 추천해 드려요.

콘텐츠 활용법 요약

1. 블로그 포스트 인스타그램 카드 뉴스로 전환
2. 인스타그램 카드 뉴스 페이스북에도 함께 포스팅
3. 인스타그램 라이브 내용 블로그에 정리하기
4. 틱톡과 인스타그램 짧은 영상 함께 공유
5. 블로그 포스트 페이스북 포스팅으로 전환

⑥ 블로그 포스트 인스타그램 카드 뉴스로 전환

⑦ 유튜브 영상 인스타그램 카드 뉴스로 전환

⑧ 유튜브 영상 네이버와 카카오TV에도 공유하기

⑨ 유튜브 영상 짧게 편집해 인스타그램/틱톡에 홍보 영상으로 사용하기

크리에이터의 부담을 줄여줄 꿀팁

① **유튜브 구독자 수 숨기기**

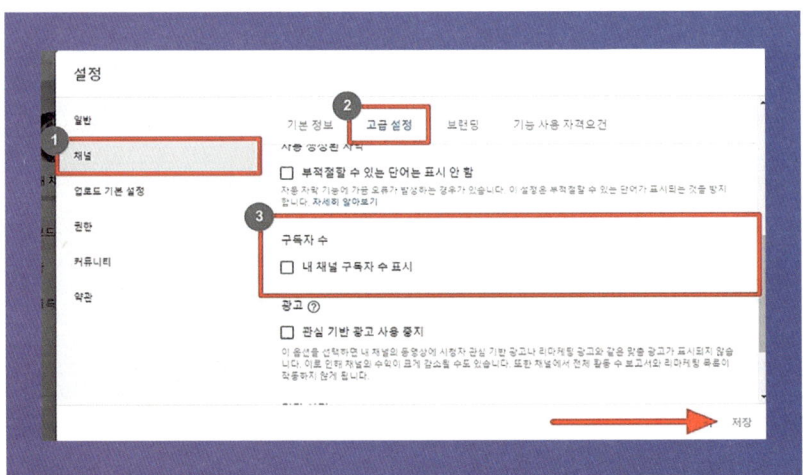

[크리에이터 스튜디오] - [설정] - [채널] - [고급 설정] - [구독자 수] "내 채널 구독자 수 표시" 체크 해제

구독자가 어느 정도 늘어나면 다시 설정을 변경할 수 있어요.

❷ 유튜브 좋아요/싫어요 숫자 숨기기

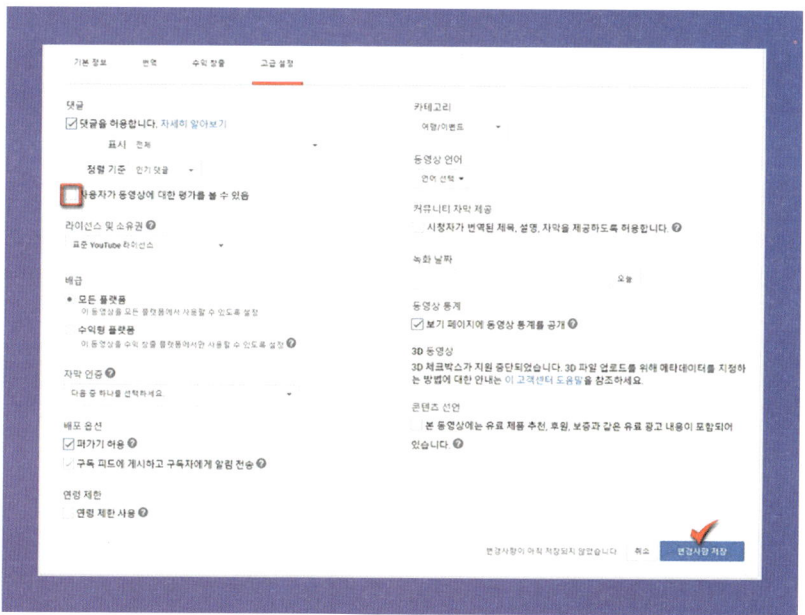

[크리에이터 스튜디오] - [동영상 관리자] - [동영상] - 숫자를 제거할 영상 선택 후, [수정] - [고급 설정] - "사용자가 동영상에 대

한 평가를 볼 수 있음" 체크 해제

처음 동영상을 올릴 때 [고급설정]에서 "사용자가 동영상에 대한 평가를 볼 수 있음" 체크를 해제하고 올리면 됩니다. "좋아요"가 많이 쌓이면 다시 설정을 변경하는 것도 좋은 팁이에요.

❸ **인스타그램 좋아요 수 숨기기**

계정 화면 – 상단 오른쪽 [메뉴] – 하단 [설정] - [공개범위] - [게시물] - [좋아요 및 조회수 숨기기] 설정

자신의 인스타그램에서 "좋아요 및 조회수 숨기기"를 설정하면, 자신도 다른 사용자의 좋아요 및 조회수를 볼 수 없어요.

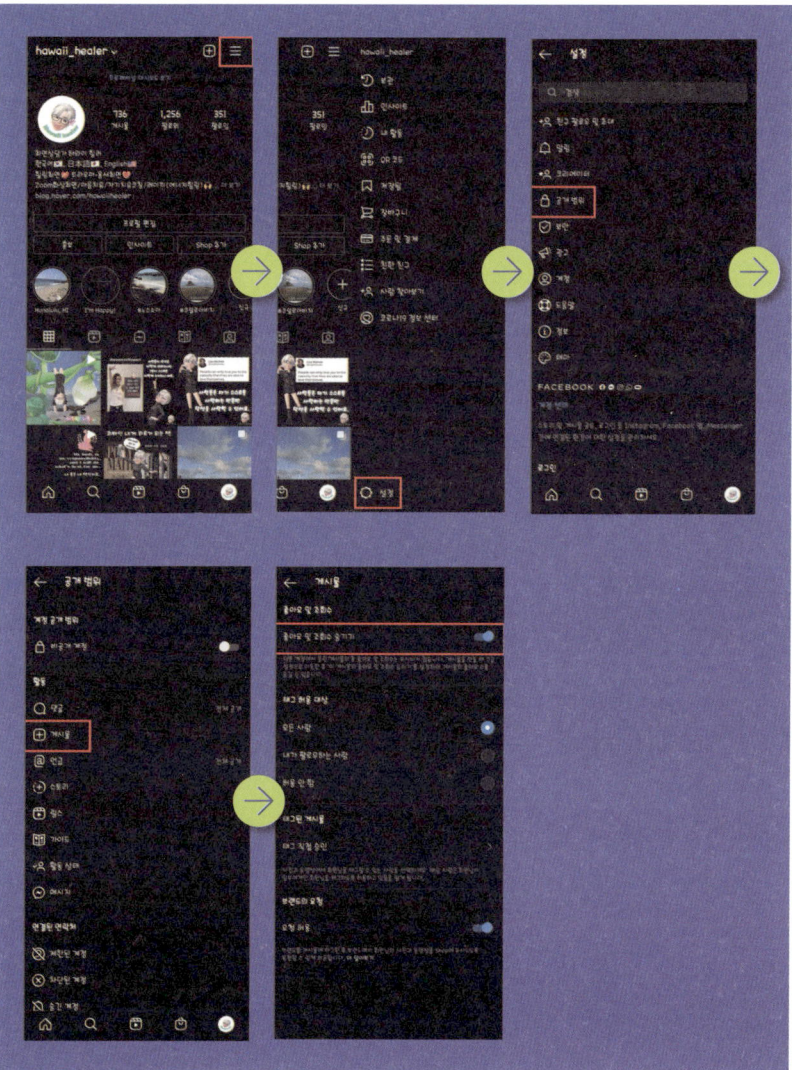

Part 6 제페토로 바라본 메타버스의 미래

 이 책에서 우리는 제페토와 관련해 다양한 앱을 살펴봤어요. 이번에서는 그전에 우리가 지금까지 배운 것들을 바탕으로 메타버스 시대를 어떻게 준비하고 앞으로 배우게 될 제페토 스튜디오와 빌드

잇은 어떻게 활용할 수 있을지 생각해 보는 시간을 가져볼까 해요.

요즘 여기저기에서 메타버스, 메타버스 난리도 아니죠? 메타버스(Metaverse), 가상현실(VR), 증강현실(AR), 혼합현실(MR) 정말 머리가 아파요. 여기서 용어들을 간단히 정리하고 시작할게요.

관련 용어 정리

메타버스 (Metavers)	메타(meta) 가상,초월 + 유니버스 (universe) 세계, 우주 = 3차원 가상 세계 = 디지털로 이루어진 모든 공간 **예시** 제페토, 포트나이트, 동물의 숲, 마인크래프트
가상현실 (VR)	컴퓨터 그래픽으로 만들어진 실제 같은 가상 공간 **예시** 제페토 월드

증강현실 (AR)	실제 존재하는 환경에 가상의 사물을 합성하는 기술
	예시 포케몬고, 제페토
혼합현실 (MR)	VR과 AR 기술의 장점을 합친 가상과 현실을 결합한 기술 최근 계발 되고 있는 AR·VR로 알려진 기기들은 대부분 MR기술이 포함된 MR장치
	예시 구글 글래스, MS헤드셋2 오큘러스 퀘스트2

용어도 정리했으니 이제 본격적으로 제페토와 메타버스에 대한 이야기를 시작해 볼까요!

Chapter 20 제페토와 메타버스

요즘 IT, 게임, 패션, 엔터테인먼트, 미국에선 심지어 정치권까지 메타버스를 통한 마케팅에 열을 올리고 있어요. 코로나19로 모두가 집 안에 갇혀 지낸 2020년, 비즈니스에 제동이 걸린 기업들은 다양한 시도를 시작했죠. 만날 순 없지만 함께하고 싶은 우리의 욕망을 해결하기 위한 수단으로 메타버스가 주목받게 된 거예요. 그럼 우린 이제 무엇을 알고 준비해야 할까요?

메타버스하면 한국의 대표주자 제페토가 절대 빠질 수 없겠죠. 여기서는 수많은 글로벌 기업들의 주목을 한 몸에 받고 있는 제페토의 잠재력과 영향력을 살펴볼게요. 앞으로 배우게 될 제페토 스튜디오와 빌드잇은 무엇이며, 가상과 현실을 오가는 급변화의 시대 속에서 제페토와 함께 성장해 가는 나의 모습을 그려 보는 기회가 될 거예요. 그럼 이제 디지털 기술 발전이 메타버스 플랫폼 제페토의 성장에 어떤 영향을 가져오게 될지 함께 생각해 볼까요?

사실 메타버스는 최근 새롭게 등장한 용어가 아니에요. 1992년 닐 스티븐슨의 소설 「스노우 크래쉬」에서 유래된 개념이죠. 이 소설에서는 메타버스에 대해 고글, 이어폰, 3D 해상도까지 정말 상세하게 묘사하고 있어요. 이 개념이 등장하고 IT업계에서는 가상 세계를 만들기 위해 20여 년 전부터 부단히 노력해왔어요. 그리고 그 노력의 결과를 우린 지금 제페토를 통해 경험하고 있죠.

그런데 왜 지금에서야 메타버스가 주목을 받기 시작한 걸까요? 디지털 기술의 발달과 코로나19로 확산된 비대면 문화는 메타버스가 '디지털 혁명'의 중심으로 떠오르는 계기가 되었어요. 당시엔 기술력 부족으로 그리 주목을 받지는 못했거든요. AR·VR 장치의 계발과 5G 같은 초고속 인터넷의 발달은 가상 세계를 보다 현실감 있는 공간으로 느낄 수 있게 만들어 주었죠.

2021년 3월 말, 서울대 전기정보공학부 이병호 교수 연구팀은 기존 VR헤드셋 1/6 부피의 안경형 VR 장치를 개발해 국제특허까지 출원했다는 사실을 발표했어요. 애플이 AR·VR 헤드셋을 2022년 선보일 예정이라는 전망을 발표한 직후였죠. 더구나 애플은 2025년에나 나올 것을 예상한 안경형 VR을 계발해 버린 거예요. 한국의 디지털 기술력 정말 대단하죠?

우리가 이런 기술에 주목해야 하는 이유는 바로 제페토의 성장성과 확장성에 이런 장치들이 엄청난 영향력을 발휘하게 될 것이기 때문이에요. 이런 새로운 장치들은 소프트웨어가 뒷받침되지 않으면 무용지물이거든요. 게임기는 있는데 게임이 없는 셈이죠. 제페토의 기술력과 전 세계 이용자 규모로 볼 때 제페토가 그 역할을 맡게 될 거라는 것을 쉽게 예상할 수 있어요.

제페토는 현재 누적 가입자가 2억 명을 돌파한 세계적인 메타버스 플랫폼이에요. 코로나 때문에 취소된 대학 입학식이 제페토에서 열렸고, 네이버는 신입 사원 연수도 개최하며 확장성을 직접 입증했죠. 편의점 CU가 제페토 월드 한강공원 맵에 한강공원점을 오픈했다는 사실 알고 계셨나요? 아직 가보지 못하셨다면 가셔서 커피랑 라면 꼭 드셔 보세요. 두산 베어스는 제페토에 입성한 최초 국내 프로스포츠 구단이 되었다네요. 정말 신기하죠! 구단 유니폼도 판매되고 있으니 두산 팬이라면 한 벌 어떠세요?

며칠 전 현대 쏘나타 새 모델인 N라인 시승 경험도 할 수 있다는 기사가 올라왔네요. 제 차가 쏘나타인데 저도 시승하러 가봐야겠어요.

혹시 떡볶이 좋아하시나요? 우리에겐 너무나 맛있는 떡볶이가 외국인한테는 인기가 없었다는 사실 알고 계시나요? 최근 한류 열풍으로 한국 음식이 많이 소개되었지만 그중에서 떡볶이는 얼마 전까지만 해도 그리 인기 있는 음식이 아니었다고 해요. 어느 맛 칼럼니스트는 방송에서 "떡볶이는 맛없는 음식"이라고 발언해 논란이 된 적도 있잖아요. 맵고 짜고 달고 쫀득쫀득한 식감이 매력적인 떡볶이가 누군가에겐 맵고 짜고 달기만 한 씹기 힘든 맛없는 음식이 되기도 하죠. 왜 뜬금없이 떡볶이 타령이냐고요? 제가 떡볶이를 좋아하거든요.

우리가 떡볶이를 좋아하는 이유를 저는 추억이라고 생각해요. 성장이 왕성해 돌아서면 배가 고팠던 시절 학교 앞에서 친구들과 함께 먹었던 추억의 맛은 잊을 수 없죠. 제페토가 지금 MZ세대 친구들에겐 그런 존재가 되어 가고 있어요. MZ세대에겐 이미 가상과 현실의 경계가 거의 존재하지 않거든요. 코로나19로 격리 조치가 한창이던 2020년, 제페토 월드는 MZ세대들에게 친구들과 직접 소통할 수 있는 유일한 장소였죠. 코로나19가 지나가고 현실로 돌아온다고 해도 모두가 힘들었던 시절을 함께 버티게 해준 추억의 공간을 어떻게 쉽게 잊어버릴 수 있겠어요?

MZ세대들은 자신의 캐릭터를 자기 자신과 동일시 하는 경향도 나타나고 있어요. 뇌 과학적으로 우리의 뇌는 상상과 현실을 구별하지 못한다는 이야기 한 번쯤은 들어보셨죠? 아직 성장 중인 유연한 뇌를 가진 MZ세대에게 메타버스라는 가상세계가 더 생생하게 느껴지는 건 어쩌면 너무나 당연한 일일지 몰라요. 우리가 떡볶이를 좋아하게 되었을 때처럼 MZ세대들에게 가상세계에서의 경험이 자신의 실제 경험이자 추억이죠.

메타버스가 갑자기 주목을 끌기 시작한 2021년 초에 비하면 일반인들의 메타버스에 대한 관심이 줄어들고 있는 것으로 나타났어요. "메타버스? 내가 해봤는데 그냥 게임이던데." 하는 사람도 있을 거예요. 실제로 해봐도 일반인들에겐 아이들이나 하는 게임처럼만 보이거든요. 그런데 왜 여전히 수많은 기업은 계속해서 돈까지 투자하며 제페토로 진출하고 있는지 궁금하지 않으세요? 스마트폰이 휴대폰 시장에 처음 등장했을 때 일부 마니아들이나 사용하게 될 것이라 비웃던 기존 휴대폰 기업들이 시장에서 영원히 자취를 감추게 되었다는 사실을 기업들은 선명하게 기억하고 있기 때문이죠.

    진화론적으로 우리는 다른 사람들과 잘 놀기 위해 게임의 룰을 정하고 지키며 사회라는 공동체로 발전해 왔다고 하죠. 기술의 발전으로 우리의 노동 시간이 점점 더 줄고 여가를 즐길 수 있는 시간은 늘어나게 될 거예요. 설사 메타버스가 그냥 게임이라고 해도 그저 무시해 버릴 수 없는 이유죠. 우리는 본능적으로 게임을 좋아하거든요. 계속해서 누군가와 연결되어 있고 싶어 하고 함께 즐기고 싶어 하는 것은 우리의 본능이죠. 지금까지는 쓸데없는 짓으로 치부되었던 게임이지만 메

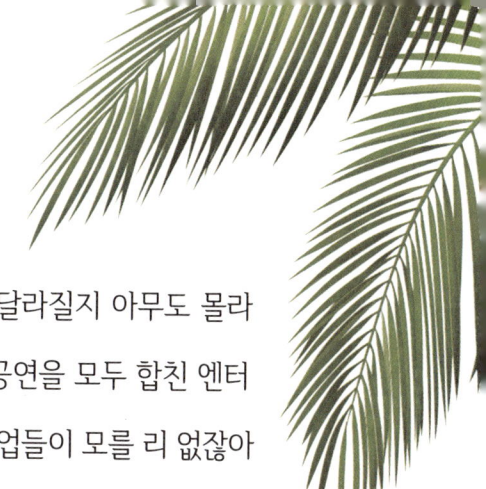

타버스를 만나 앞으로 그 판도가 어떻게 달라질지 아무도 몰라요. 더구나 게임 산업 시장이 음악, 영화, 공연을 모두 합친 엔터테인먼트 산업보다 훨씬 크다는 사실을 기업들이 모를 리 없잖아요? 이 책을 읽고 있는 사람이라면 이미 느끼고 있을 거라 믿어요.

우리가 제페토에 주목해야 하는 이유는 바로 제페토가 전 세계에서 사랑받는 국내 유일한 메타버스 플랫폼이기 때문이에요. 페이스북은 2019년 자신들의 기술을 총동원한 VR 소셜미디어 서비스 '호라이즌'을 출시했지만 아직까지는 큰 반응을 얻지 못하고 있어요. 페이스북은 VR 산업에 과감한 투자를 하고 있지만, 굳이 VR 기기까지 사서 아바타 서비스를 이용하려는 사람들이 아직까진 많지 않아 보여요.

하지만 스마트폰이 세상에 처음 나왔을 때처럼 VR기기들이 일반화된다면 이미 많은 사용자를 보유한 제페토가 당연히 유리하지 않을까요? 제페토 월드에서 1인칭 시점을 사용해 보았다면 무슨 이야기인지 알거예요. 아직 제페토 월드에서 1인칭 시점을 사용해 보지 않았다면 한번 사용해 보세요. VR 기기가 보편화 된다면 어떤 느낌인지 미리 경험해 볼 수 있을 거예요.

최근 페이스북과 마이크로소프트는 자신들이 계발한 VR기기를 활용한 메타버스 오피스 서비스를 각각 출시했어요. 메타버스 오피스 서비스는 사용할 기업들이 정하는 것이니, 당장은 일반인이 신경 쓸 필요가 없지만, 이미 대학 입학식과 신입 사원 연수를 펼친 제페토에게 메타버스 오피스 서비스로의 확장도 어렵지는 않을 거예요. 특히 제페토를 개발한 네이버Z는 국내 기업이니 협업을 통한 비즈니스 확장을 생각하는 국내 기업들에게는 페이스북, 마이크로소프트 같은 해외 기업보단 훨씬 수월하겠죠.

제페토는 이미 수많은 엔터테인먼트 기업의 투자를 받고 있어요. 코로나로 중단되었던 다양한 행사들이 제페토에서 열렸죠. 블랙핑크의 팬 사인회, 패션쇼, 전시회, 대학 입학식까지 다양한 디지털 행사들이 제페토 월드에서 진행되었어요. 코로나가 끝나고 현실에서 행사가 열린다고 해도, 직접 행사장을 찾지 못하는 사람들을 위해 앞으로는 더 다양한 행사들이 제페토에서 함께 열리게 될 가능성도 있죠.

그런 행사장 주변에 걸릴 광고들을 한번 상상해 보세요. 전 세계에서 몰려들 MZ세대들을 생각하면 그 효과가 어마어마하겠죠. 최근 수많은 글로벌 기업들이 제페토를 주목하는 이유도 바로 여기에 있어요. 제페토에서 보고 입고 먹고 써 본 모든 것들이 실제로 주문까지 가능한 쇼핑 기능이 추가된다면? 상상만 해도 그 파급력이 엄청나겠죠!

이렇게 다양한 가능성을 살펴봤으니 이제 우리는 제페토를 어떻게 활용할 수 있을지 생각해 볼까요? 캐릭터를 활용한 콘텐츠를 만드는 것 이외에 우리가 지금 당장 제페토를 활용할 수 있는 영역은 SNS 기능, 크리에이터 샵, 제페토 월드 3가지가 될 거예요. SNS 기능은 굳이 여기서 설명할 필요 없겠죠. 크리에이터 샵에서는 개인의 비즈니스나 제품을 알리는 로고가 들어간 아이템을 판매할 수 있어요. 물론 아이템을 만드는 프로그램을 배워 크리에이터로써 개인 아이템을 판매할 수도 있지만, 아이템 템플릿을 활용해 간단히 로고만 변경해 개인 비즈니스 아이템으로 활용할 수도 있죠. 개인의 비즈니스와 제페토의 협업 생각만 해도 멋지지 않나요?

빌드잇으로 직접 만든 맵을 사용해 제페토 월드에 일찌감치 입점해 보는 건 어떨까요? 웬만한 기업들은 다 가지고 있는 홈페이지처럼 제페토 월드에 맵 하나쯤은 모든 기업이 가지게 될지 누가 알겠어요? 내가 만든 맵에 놀러 온 분들에게 사진을 찍어 해시태그와 함께 SNS에 올리면 실제 제품 구매시 할인 혜택 같은 재밌는 행사도 해볼 수 있겠죠.

지금 우리가 상상하는 미래가 현실이 되는 건 그리 머지 않을 것으로 보여요. 가속도가 붙은 디지털 기술 발전은 더욱더 빨라질 테니까요. 앞으로 미래가 어떻게 달라질지는 아무도 정확하게 예측할 수 없죠. 하지만 세상의 변화와 발전을 계속해서 호기심의 눈으로 지켜본다면 그 흐름이 보이기 시작할 거예요.

새로운 것이 나왔다고 두려워할 필요는 없어요. 지금처럼 조금씩 배우고 경험하다 보면 숨겨진 기회를 볼 수 있는 눈이 생길 테니까요. 지금 당장 우리에게 필요한 것은 이런 흐름에 익숙해지는 거예요. 일단 이 책에서 지금까지 배운 것들을 활용하며 맘껏 즐겨 보자고요!

제페토는 아바타 서비스 후발주자였어요. 하지만 이제 모든 아바타 서비스를 제치고 종합 아바타 플랫폼으로 우뚝 성장했죠. 제페토의 그런 성장을 이끌어준 건 제페토 스튜디오와 빌드잇을 통해 이용자와 함께 성장하고자 했던 마음이었을 거예요.

다들 시대를 앞서 나가야 한다고 말하죠. 하지만 시대를 너무 앞서 나가면 오히려 외면당하기 십상이에요. 시대를 앞서 나가는 것보다 중요한 것은 제페토처럼 함께 가는 것일 테니깐요.

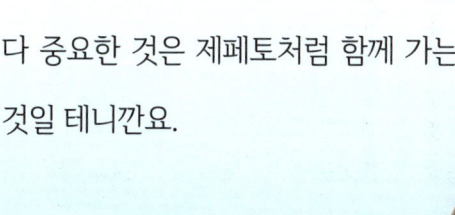

Chapter 21 제페토 스튜디오

제페토 크리에이터라는 새로운 직업이 생겼다는 이야기 들어 보셨나요? 무슨 이야기인지 지금부터 제페토 크리에이터에 대해 알려

드릴게요.

제페토 크리에이터는 제페토의 아이템을 만들어 판매하는 직업이에요. 크리에이터가 아이템을 만들어 제페토 스튜디오를 통해 올리면, 승인을 거쳐 정식으로 제페토에서 판매가 시작되죠. 아이템 가격은 크리에이터가 원하는 대로 젬으로만 결정할 수 있어요. 제페토 스튜디오는 제페토 크리에이터를 위해 별로도 준비된 사이트예요. 검색창에서 "제페토 스튜디오"를 검색하시거나, https://studio.zepeto.me/kr로 접속할 수 있어요.

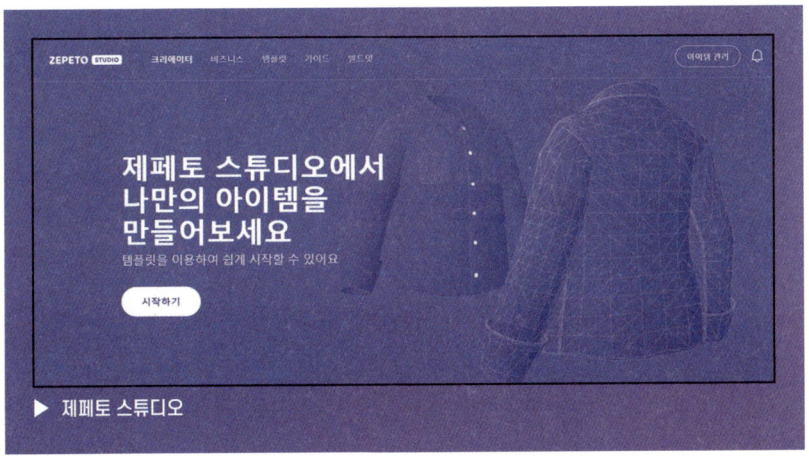

▶ 제페토 스튜디오

"빨리 가려면 혼자 가고, 멀리 가려면 함께 가라"는 아프리카 속담이 있어요. 제페토는 여기서 함께 가는 것을 선택한 덕분에 더 빨리 멀리 가고 있는 것이 아닐까 싶어요. 수많은 제페토 크리에이터들이 자유롭게 아이템을 올리고 판매하며 수익을 올리고 있죠. 처음에는 아이들 놀이로만 치부되던 제페토가 어른들에게도 관심의 대상이 된 이유는 역시 "돈"이죠. 미래 유망 직업으로 제페토 크리에이터는 어떠세요?

월 300만 원 이상 번다는 "렌지"라는 유명 제페토 크리에이터 이야기를 신문이나 인터넷에서 본 적 있나요?

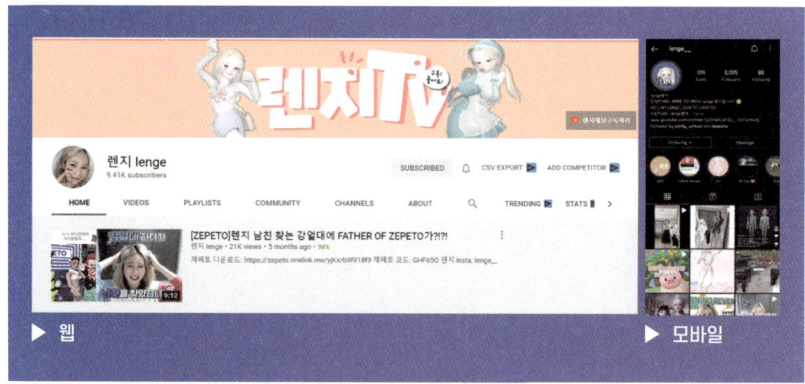

▶ 웹 ▶ 모바일

이 크리에이터는 유튜브와 인스타그램을 운영하며 제페토 크리에이터로서 제페토 이용자들과 소통하며 자신의 아이템을 알리고 있어요. 크리에이터라고 아이템만 예쁘게 만들어 올리기만 하면 되는 게 아닌 것 같죠? 역시 자신과 콘텐츠를 알리는 마케팅이 여기서도 필요하네요.

제페토는 누구나 쉽게 제페토 크리에이터에 도전할 수 있도록 템플릿을 무료로 제공하고 있어요. 처음부터 3D 모델링을 배우는 것이 어렵다면 2D 템플릿을 다운받아 활용해 보세요.

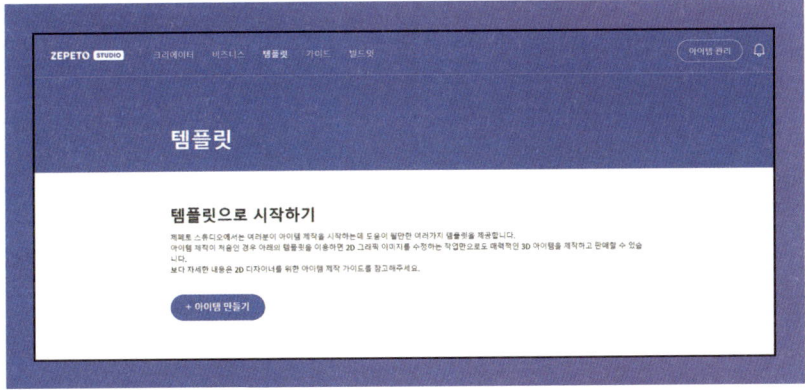

2D 템플릿은 포토샵 같은 이미지 편집 프로그램으로 색상이나 무늬를 변경할 수 있어요. 유튜브에는 "스마트폰으로 제페토 옷 만들

기"를 검색하시면 MZ세대 친구들이 템플릿를 이용해 옷 만드는 방법을 소개하는 영상을 찾을 수 있을 거예요. 스마트폰에서 주로 친구들이 사용하는 앱은 "ibisPaintX (이비스 페인트 X)"라는 무료 페인팅, 드로잉, 만화 그리기 앱이에요. 유튜브에서 "이비스 페인트 사용법"을 검색하면 더 자세한 사용법을 배울 수 있을 거예요.

무료 3D 모델링 프로그램 소개

본격적으로 3D 모델링을 배워 보고 싶은 분들을 위해 완전 무료로 사용하실 수 있는 3D 모델링 프로그램을 하나 소개할게요.

"blender (블렌더)"라는 컴퓨터에서만 사용할 수 있는 완전 무료 3D 모델링 프로그램이에요. 3D 모델링뿐 아니라 애니메이션 만들기, 영상 편집 기능까지 포함된 만능 프로그램이죠. 다운로드는 인터넷 검색창에 "블렌더" 또는 영어로 "blender"를 검색하세요.

전문적인 프로그램이라서 사용법을 별도로 배워야 해요. 프로그램 설치 및 사용 방법은 아래 유튜브 무료 강좌 채널 2개를 참고해 주세요.

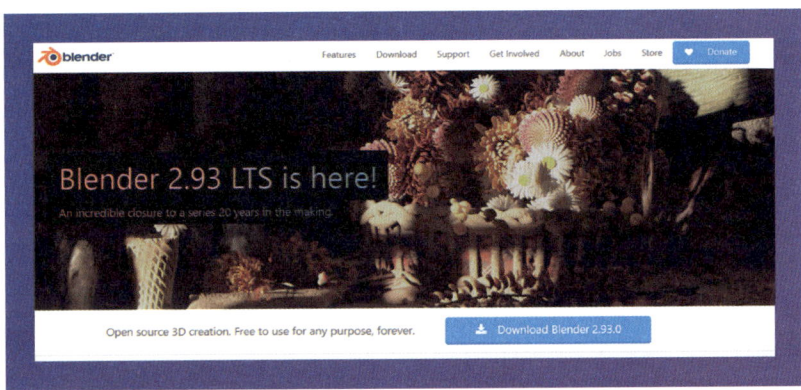

① 까망고니

3D 모델링 블렌더를 배우고 싶다면 무조건 봐야 할 초강추 채널이에

요. 블렌더 프로그램 설치부터 차근차근 설명을 너무 잘해서 쉽게 따라 할 수 있어요. 별도 유료 블렌더 온라인 강좌도 운영하고 있다고 하니 믿고 보아도 좋아요. 기초를 유튜브에서 무료로 배우고 더 깊게 배워 보고 싶다면 유료 강좌를 들어 보는 것도 좋겠죠.

❷ ZEPETOR Cham Iseul (제페터 참 이슬)

3D 모델링 블렌더로 제페토 아이템 만들기를 중점적으로 다루고 있는 채널이에요. 제페토 아이템 기본 약관을 읽어 봐야 할 이유까지 자세히 설명하고 있죠. 제페토 크리에이터가 되고 싶다면 꼭 한번 참고해 주세요.

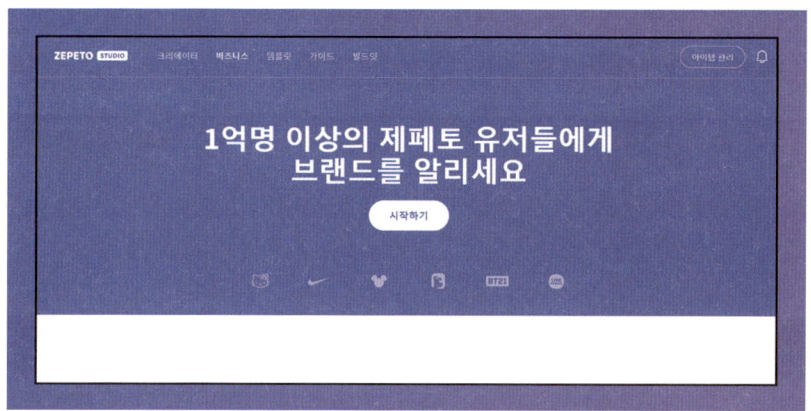

　제페토 스튜디오에는 내 브랜드를 제페토에서 알리고 싶어 하는 사람들을 위한 "비즈니스"라는 메뉴가 별도로 마련되어 있어요. 망설이지 말고 신청해 보세요. "우리 같은 작은 곳을 상대나 해 주겠어?", "왠지 큰 기업이 아니면 거절당하지 않을까" 미리 걱정할 필요 없어요.

　두드리라고 만들어 놓은 문이니 두드려 봐야죠. 물어보는 건 공짜인데 거절당한다고 손해 볼 건 없잖아요! 문은 두드려야 열리는 법이죠. 사실 저도 그렇게 기회를 얻었거든요. 일단 그냥 한번 물어본다는 마음으로 편하게 신청해 보는 건 어떨까요?

제페토 스튜디오 "가이드"에는 브랜드 및 제품 홍보용 아이템에 관한 설명이 잘 나와 있어요. 홍보용 아이템은 일정 양식만 따르면 얼마든지 아이템을 올리고 홍보할 수 있어요. 아래는 브랜드 및 홍보용 아이템 정의만 가지고 왔어요. 전체 내용은 제페토 스튜디오에서 "가이드"를 참고해 주세요.

브랜드 및 제품 홍보용 아이템 정의

https://studio.zepeto.me/kr/home/guides/promotional-contents

① 아이템은 심사 제출 시의 콘텐츠, 이름, 아이콘, 설명 등의 내용에 따라 홍보 목적 여부를 판단하게 됨.

② 로고, 브랜드 이름, 제품 이름이나 제품 이미지가 포함된 항목은 프로모션으로 간주

③ 로고, 브랜드 이름, 제품 이름이나 제품 이미지가 포함된 다른 콘텐츠를 사용자에게 지칭하거나 알리는 아이템은 프로모션으로 간주

④ 다음 유형의 항목은 프로모션으로 간주 되지 않음.
▶ 휴일, 아이디어나 특정 테마를 축하하는 내용.

▶ 특정 제품과 연관되어 있지 않으며, 캐치프레이즈나 캐릭터를 포함하는 예술가 또는 공연자의 아이템

▶ 대중문화 현상을 참조하는 아이템

Chapter 22 빌드잇

제페토 월드 맵을 만드는 프로그램 "빌드잇"을 아시나요?

    빌드잇은 제페토에서 직접 무료로 제공하는 컴퓨터에서만 사용할 수 있는 프로그램이에요.

제가 무료라서 한번 다운로드 받았다가 사용법을 잘 몰라 엄청 헤매다 지워 버렸던 프로그램이죠. 제페토를 배우고 싶다는 분들의 연락을 받고, Zoom 강의 때 함께 놀 수 있는 우리만의 공간이 있으면 좋겠다는 생각을 했어요. 다시 다운로드 받아 여기저기 찾아가며 겨우 첫 제페토 맵을 완성해 공개했죠. 사실 템플릿을 조금 수정하고 아이템을 몇 개 추가한 정도라서 100% 제가 만들었다고 하기 좀 그렇지만, 그것만으로도 꼬박 하루가 걸렸어요.

빌드잇으로 만든 제페토 월드 맵은 아직까지 수익이 나는 구조는 아니에요. 맵을 직접 만들어 공개한다고 해서 특별한 혜택이 있는 것도 아니죠. 하지만 앞으로 수많은 기업이 제페토 월드에서 자신의 비즈니스를 홍보하고 싶어 한다면 빌드잇을 사용할 수 있는 가상 건축가가 필요하게 될 거예요. 다양한 행사나 콘서트가 제페토 월드에서 계속해서 개최된다면 그 수요가 엄청나게 늘어날 수도 있는 새로운 미래 직업이 될 수 있어요.

3D 모델링이나 산업 디자인 프로그램을 배워 본 사람이라면 모를까 이런 프로그램을 처음 사용해 보는 사람이 혼자 배우기에 쉬운

프로그램은 절대 아니에요. 그래서 어떻게 소개해야 할지 고민이 많았어요. 그런데 이제 당당하게 소개해 드릴 수 있어요. 우리에게 빌드잇을 가르쳐 주실 분을 유튜브에서 찾았거든요!

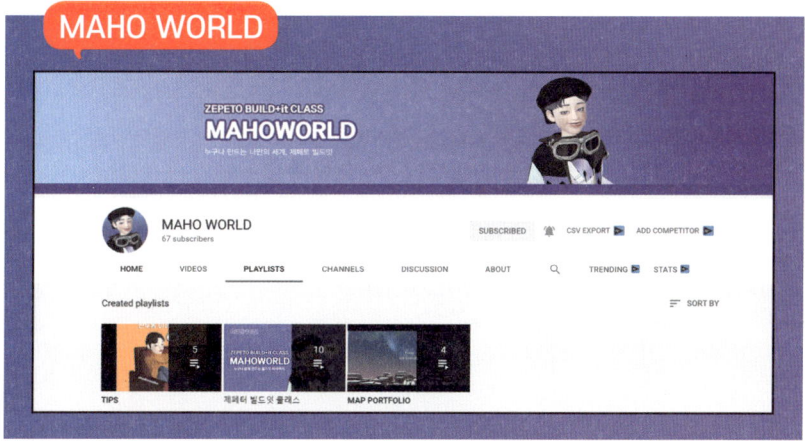

건축의 기초부터 빌드잇을 정말 상세하게 가르쳐 주시는 분이에요. 아직 구독자 수가 100명도 되지 않는 채널이지만 이렇게 좋은 강의는 흔하지 않아요. 구독자가 너무 몰려 영상을 내리고 유료 강의로 전환하면 어쩌나 걱정될 정도라니까요. 저도 이번 기회에 여기 있는 영상으로 제대로 배워 보려고요. 빌드잇을 제대로 배우고 싶다면 유튜브에서 "MAHO WORLD"를 검색해 보세요. 절대 후회하지 않을 거예요.

메타버스에서 가상 건축가는 정말 꼭 필요한 직업이죠. 빌드잇으로 가상 건축을 한번 제대로 배우면 다른 비슷한 프로그램은 얼마든지 쉽게 배울 수 있어요. 가상 건축가라는 새로운 직업에 도전해 보고 싶다면 지금 당장 빌드잇을 다운로드 받아 시작해 보세요.

지금 당장 돈이 되지 않는다고 무시하다 흘려보내 버린 기회가 얼마나 많았나요? 미리 배워 두면 미래 가상 건축가를 키우는 강사가 될 수도 있고 저처럼 책을 쓸 수도 있잖아요. 기회는 "먼저 잡는 사람이 임자"인 거 다 아시죠!

마지막으로 유튜브에서 "제페토TV"라는 채널도 한번 찾아보세요. 같은 이름의 채널이 있어 헷갈리지 않도록 말씀드릴게요. 영상이 7개 밖에 없는 선글라스를 쓴 남자 제페토 캐릭터 로고가 있는 채널이에요.

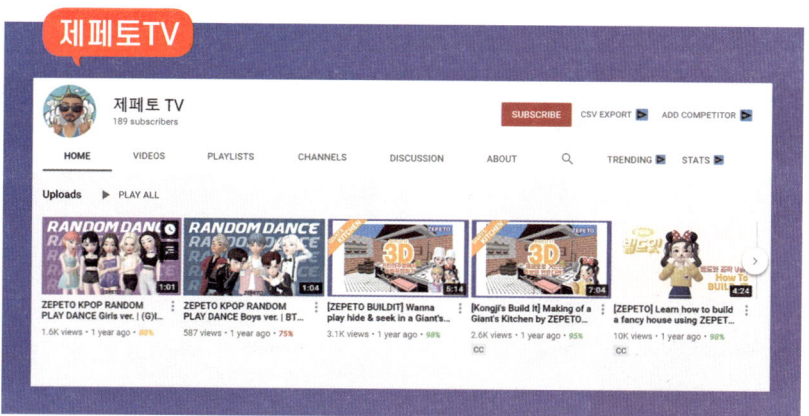

    이 채널에는 재미있는 맵을 어떻게 만들었는지 보여주는 짧은 2편의 영상과 그곳에서 친구들과 숨바꼭질을 하는 영상이 있어 자신의 맵을 디자인할 때 참고하면 좋아요.

    영상에 달린 댓글을 보니 맵을 만들어 줄 수 있는지 묻는 댓글이 눈에 띄더라고요. 빌드잇을 배워 이렇게 영상을 공유하면 관심 있는 분들의 러브콜을 받게 될지도 모르겠네요.

에필로그 기회는 준비된 사람만이 잡을 수 있는 행운

책을 쓰면서 참 많은 생각을 했어요. 처음 써 보는 글, 처음 써 보는 책. '정말, 이 정도로 괜찮을까?' 끊임없이 스스로에게 질문하며 글을 쓰고 지우고를 반복했죠. 제게 책을 쓴다는 건 정말 엄청난 도전

이었어요. 한글 맞춤법도 잘 모르는 제가 책을 쓴다는 건 정말 상상도 못 할 일이었죠. 무슨 배짱인지 결국 도전했고 이렇게 책이 되었어요.

2020년 3월 말부터 코로나로 임시 휴직을 하게 되었어요. 저는 하와이에서 호텔에 근무하던 사람이었거든요. 그렇게 집에 있는 동안 또 공부를 시작했죠. 왜 '또' 냐고요? 바로 2019년 중순까지 한국에 있는 사이버대학에서 온라인 수업을 들었거든요. 전 사실 외국에 오래 살아 한국에 대해 잘 몰랐어요. 사이버대학에서 수업을 들으며 다시 한국에 대해 배웠죠. 제가 제페토와 메타버스에 대해 책을 쓸 수 있었던 건 이미 수준 높은 한국의 사이버대학을 경험했기 때문이라고 생각해요.

사이버대학에서 호텔·레스토랑경영학을 전공했어요. 호텔에 근무하고 있었으니 당연한 선택이었죠. 한 학기를 마쳤을 때 교양으로 들었던 컴퓨터 프로그램 기초강의를 계기로 컴퓨터정보통신을 복수 전공하게 되었어요. 이런 이야기를 하는 건 잘난 척을 하겠다는 게 아니에요. 마흔이 다 된 나이에 딴 학위가 뭐 그리 자랑이겠어요. 하지만 저는 최근에 디지털에 관해 배웠고 그래서 볼 수 있었어요.

누구나 배웠다면 그 흐름이 보였을 거라는 이야기죠.

　　코로나로 임시 휴직이 시작되자마자 MKYU라는 온라인 학습 커뮤니티에 등록했어요. 원래 김미경 강사님 팬이라 커뮤니티가 막 생겼을 때부터 등록하고 싶었지만 학교 때문에 바로는 못 했거든요. SNS 마케팅도 배우고 미국에 살고 있는 멤버들과도 소통하기 시작했어요. 공부하는 커뮤니티라 그런지 엄청난 내공을 가진 분들이 정말 많으시더라고요. 그렇게 알게 된 분들과 북클럽도 하고, 책 쓰기 코칭도 받으며 처음으로 제대로 된 글쓰기를 시작했어요. 처음 이 책을 생각했을 땐 정식으로 출판될 거라고는 기대조차 하지 않았어요. 그냥 주변의 반응이 나쁘지 않으면 '전자책으로나 만들어 봐야겠다.' 싶었죠. 그런데 이런 행운이 찾아 왔어요.

　　저는 제페토라는 플랫폼을 통해 메타버스라는 새로운 세계에 더 많은 분이 친숙해졌으면 좋겠어요. 변화는 누구에게나 두려움의 대상이에요. 하지만 미리 준비만 잘하면 두려움이 아닌 미래를 향한 기대와 설레임이 될 수도 있죠. 새로운 것을 배우는 데 꼭 많은 돈이 필요한 것은 아니에요. 그 사실을 알려 드리고 싶었어요. 세상에 넘쳐나는 무료 프로그램과 정보가 이렇게 많은데 모르면 손해잖아요. 알고 안 하는 것과 몰라서 못 하는 건 달라요. 전 하고는 싶지만, 몰라서 못 하는 일이 없었으면 해요.

원래 자신이 알고 있는 것들은 모두가 알고 있을 것처럼 생각하기 쉬워요. 그래서 그 가치를 잘 모르고 지나치죠. 저도 이 책을 쓰기 전까지 그렇게 생각했어요. '이런 걸 누가?'라고 생각했죠. 하지만 지금 이렇게 이 책을 읽고 계신 분들이 계시잖아요! 독자님께서 알고 계신 것들도 마찬가지예요. 이젠 "이런 게 돈이 되겠어?" 했던 것들이 돈이 될 수 있는 시대거든요.

혹시 주위에서 "그거 해서 뭐 하게?"라는 소리 들어 보셨나요? 전 참 많이 들었어요. 늦은 나이에 공부를 시작해서 그런지 전 여전히 호기심도 궁금한 것도 많거든요. 마음 가는 대로 이것저것 찾아보고 배우다 보니 주위에서 보기엔 '삽질한다.' 싶었을 거예요. 그런데 그 삽질들이 모여 이렇게 책이 되었잖아요.

제가 여기서 알려 드린 것들이 바로 돈이 되는 것들은 아니에요. 단지 저는 돈이 되게 만드는 과정에서 필요한 '삽질'을 조금 쉽게 하는 법을 알려 드리는 거라고 생각해요.

이제 뭐든 스스로 찾아서 배워야 하는 시대가 되었어요. 저는 이 책을 통해 스스로 찾고 배우는 법을 알려 드리고 싶었어요. 제가 여기서 알려 드린 것들은 그 힌트일 뿐이죠. 자꾸 스스로 해봐야 혼자서도 할 수 있게 되거든요. 전혀 삽질을 하지 않고 돈을 버는 방법은 없어요. 공부야말로 누구나 해야 하는 대표적인 삽질 아니겠어요?

이 책을 읽고 해보고 싶은 것이 생겼다면 꼭 한번 도전해 보세요. 기회란 준비된 사람만이 잡을 수 있는 행운이잖아요. 새로운 일에 도전하는 모든 분의 행운을 빌어요!

크리에이터 Q&A

Q1 제페토로 만든 내 캐릭터를 어디까지 별도의 저작권 허가 없이 사용할 수 있을까?

A 수익이 발생하는 상업적인 사용은 기본적으로 제페토 원작자인 네이버Z와 협의가 필요해요. 제페토 스튜디오 https://studio.zepeto.me/kr "비즈니스"로 문의해 주세요.

Q2 내가 만든 아이템이나 제페토 월드 맵에 우리 회사 로고와 제품 소개를 넣어도 괜찮을까?

A 아이템이나 맵 모두 검수 과정에서 저작권 위반 여부를 체크받아요. 빌드잇을 통해 회사나 기관 홍보를 원하는 경우, 네이버Z에 사전에 문의해 주시면 저작권 검수가 무리없이 진행될 수 있도록 지원을 받으실 수 있어요. 지원 요청은 제페토 스튜디오 https://studio.zepeto.me/kr "비즈니스"에서 가능해요.

Q3 내가 만들어 등록한 아이템을 친구에게 맘대로 선물할 수 있

을까?

A 아직 크리에이터 아이템 선물하기는 불가능하지만 향후 변경될 수 있다고 해요.

제페토 공식 Q&A https://support.zepeto.me/hc/ko

Q1 캐릭터를 만들었다면 무엇을 하면 될까요?

A [만들기]에서 이미지나 영상을 활용해 콘텐츠를 만들어 올리거나, 제페토 월드에서 원하는 맵을 골라 놀러 가보세요. 다른 이용자를 만나면 말도 걸어보고 친구도 만들어 보세요. 다른 이용자들의 피드를 살펴보며 콘텐츠 아이디어를 얻을 수도 있겠죠.

Q2 이미지나 영상에 함께 저장되는 ZEPETO 코드를 없앨 수 있나요?

A [프로필] - [개인 정보 및 컨텐츠] - [컨텐츠를 ZEPETO 코드와 함께 저장]을 꺼 주세요.

Q3 캐릭터를 다시 처음부터 만들 수 있나요?

A [프로필]에서 [캐릭터 추가]를 누르면 "캐릭터 관리" 화면이 나타나요. [초기화]를 누르면 사진을 찍어서 처음부터 다시 캐릭터를 만들 수 있어요.

Q4 계정에서 탈퇴할 수 있나요?

A [프로필] – [설정] – [계정 삭제하기]로 계정을 완전히 삭제할 수 있어요. 탈퇴 후에는 구매했던 모든 아이템, 캐릭터, 코인, 젬 모두 삭제되어 다시는 복구가 불가능해요. 또 탈퇴 후 같은 정보로 3개월 동안 재가입이 불가능해요. 캐릭터를 처음부터 다시 만들고 싶다면 [초기화] 기능을 사용해 주세요.

Q5 결제한 요금을 환불 받고 싶을 때는 어떻게 해야 하나요?

A 구글 플레이스토어와 앱스토어는 이용자가 각 스토어에서 환불을 진행해야 해요. 앱을 개발하고 서비스하는 업체에서는 직접 환불를 할 수 있는 방법이 없어요.

Q6 [제페토월드] 제페토 월드 내에서 불편을 주는 유저를 차단할 수 있나요?

A 차단하고자 하는 캐릭터를 눌러 프로필 박스가 뜨면 [팔로잉] 우측에 있는 [차단] 버튼을 누르고 [OK]를 누르면 차단돼요. 차단한 유저 목록은 내 프로필 박스 오른쪽 [차단] 버튼으로 확인할 수 있어요.

Q7 [제페토월드] 악플 메시지 신고할 수 있나요?

A 월드 방 화면 왼쪽 상단 채팅창에서 신고할 말풍선을 1초 이상 누르면 해당 유저를 신고 할 수 있어요. 정확한 신고 사유를 선택한 후 내용을 입력하세요. [신고하기] 또는 [신고하기 & 차단하기] 버튼을 누르면 접수돼요.

Q8 [제페토월드] 월드 맵 안에서 블루투스 이어폰을 사용할 수 있나요?

A 아직은 블루투스 이어폰을 사용하여 음성을 들을 수 있지만, 마이크는 사용할 수 없어요. 현재 사용할 수 있도록 준비 중이니 조금

만 기다려 주세요.

Q9 [제페토월드] 다른 사람 음성이 울릴 때는 어떻게 하나요?

A 음성 대화를 할 때 스피커폰을 사용하면 울리거나 하울링이 생길 수 있어요. 음성 대화를 할 때는 유선 헤드셋이나 이어셋을 사용하세요.

Q10 [제페토월드] 관전 모드가 무엇인가요?

A 관전 모드에서는 월드 맵을 직접 돌아다니지 않고 유저들을 구경하며 채팅을 할 수 있어요.

관전 모드 방 만들기 월드 로비 화면에서 오른쪽 상단 "+"모양 [방 만들기] 메뉴를 누르고 [관전 여부]를 선택해 주세요. "허용"을 선택하고 "공개 방 만들기"를 누르면 관전 모드로 방 만들기가 끝나요. 관전을 허용하면 비밀방을 만들 수 없어요.

관전 모드 방 입장하기 월드 로비 화면에서 오른쪽 상단에 "돋보기" 모양 아이콘이나 원하는 맵을 누르면 우측 하단에 [플레이] 버튼 옆에 있는 [방 리스트] 버튼을 눌러 리스트를 확인하세요. 현재 있는 인원수가 보이는 버튼 아래 눈 모양 아이콘이 있다면 '관전을 허용'한 방이니 입장해 보세요.

시점 변경 - 참가자 시점 & 드론 모드 관점 모드는 참가자 시점, 드론 모드 중 한 가지를 선택해 이용할 수 있어요. 원하는 모드를 선택하고 월드 맵의 유저를 구경하거나 함께 채팅할 수 있죠.

[참가자 시점]에서 관전할 때는 오른쪽 하단 화살표 모양을 터치하면 다른 참가자 시점으로 변경할 수 있어요. 왼쪽 상단 사람 모양 아이콘을 누르고 [참가자 리스트]의 유저 닉네임 옆 카메라 버튼을 터치하면 특정 유저의 시점을 선택할 수 있어요.

[드론 모드]를 사용하는 경우, 원하는 대로 방 곳곳을 자유롭게 날아다니며 관전할 수 있어요. 오른쪽 하단 제페토 이미지가 있는 동그란 아이콘을 클릭하면 "드론 모드"로 전환 돼요. 왼쪽 하단에 방향키를 사용해 드론을 움직이고 화면을 스크롤 해 시점을 변경해 보세요. 카메라 버튼을 누르면 사진과 영상 촬영도 할 수 있어요. 하단 채팅창 왼쪽에 [드론] 모양 아이콘을 터치하면 드론 모습이 보이지 않

게 할 수 있어요. 참가자로 이동하고 싶다면 왼쪽 상단의 사람 모양 아이콘을 터치하고 '참가자로 이동하기'를 누르시면 돼요.

메타버스 나의 또 다른 세상
제페토 가이드북

2022년 1월 5일 1판 1쇄 인쇄   2022년 1월 15일 1판 1쇄 발행

저자 I 찬비 원작 I 제페토

발행인 I 황민호

콘텐츠3사업본부장 I 석인수 디자인 I BjuDesign

발행처 I 대원씨아이(주) www.dwci.co.kr

주소 I 서울시 용산구 한강대로15길 9-12

전화 I 02-2071-2151 영업 I 02-2071-2066 팩스 I 02-794-7771

등록번호 I 1992년 5월 11일 등록 제3-563호

ISBN 979-11-362-6685-9 03300   가격 I 15,000원

© NAVER Z Corp. All Rights Reserved.

※ 본 제품에 사용된 '제페토'의 이미지는 네이버Z 주식회사와
저작권 사용자 계약에 의거 〈제페토 가이드북〉에서 적법하게 사용하는 것으로
저작권자의 허락없이 무단 복제 및 판매를 금합니다.

※잘못된 제품은 구입하신 곳에서 교환해 드립니다.

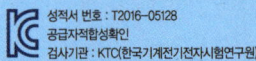